本书为国家自然科学基金项目（71163020）最终研究成果

失地农民关键生计要素间的关系研究及其结构方程模型的构建

——基于江西的抽样调查以及 SPSS 与 AMOS 的使用

黄建伟　著

中国财经出版传媒集团

经济科学出版社
Economic Science Press

图书在版编目（CIP）数据

失地农民关键生计要素间的关系研究及其结构方程模
型的构建：基于江西的抽样调查以及 SPSS 与 AMOS 的
使用／黄建伟著．—北京：经济科学出版社，2017.3
ISBN 978 - 7 - 5141 - 7906 - 4（2017.10 重印）

Ⅰ. ①失⋯ Ⅱ. ①黄⋯ Ⅲ. ①农民 - 生活 - 研究 -
中国 - 现代 Ⅳ. ①D422.64

中国版本图书馆 CIP 数据核字（2017）第 069191 号

责任编辑：白留杰 刘殿和
责任校对：徐领柱
责任印制：李 鹏

失地农民关键生计要素间的关系研究及其结构方程模型的构建
——基于江西的抽样调查以及 SPSS 与 AMOS 的使用
黄建伟 著
经济科学出版社出版、发行 新华书店经销
社址：北京市海淀区阜成路甲 28 号 邮编：100142
教材分社电话：010 - 88191354 发行部电话：010 - 88191522
网址：www. esp. com. cn
电子邮箱：bailiujie518@126. com
天猫网店：经济科学出版社旗舰店
网址：http://jjkxcbs. tmall. com
北京密兴印刷有限公司印装
710×1000 16 开 14.25 印张 250000 字
2017 年 7 月第 1 版 2017 年 10 月第 2 次印刷
ISBN 978 - 7 - 5141 - 7906 - 4 定价：42.00 元
（图书出现印装问题，本社负责调换。电话：010 - 88191510）
（版权所有 侵权必究 举报电话：010 - 88191586
电子邮箱：dbts@esp. com. cn）

序

失地抑或被征地农民生计问题是当前我国农村最敏感、最突出、最棘手的经济社会问题之一，其核心在于如何实现失地农民生计的可持续性。因此，著作围绕失地农民的关键生计要素开展探索，揭示失地农民生计资本、生计政策和生计能力间的相互关系及其作用机理，并据此提出相应的政策建议，既有重要的理论价值又有重要的现实意义。

失地农民生计问题，在江西这一处于工业化、城镇化发展时期的省份而言，很具代表性和典型性。土地对于农民而言，具有生存、保障和发展的多重性生计功能。因此，该专著结合在江西省所开展的农户生计问题之调查，研究揭示失地农民的生计问题，更具有普遍性特征。

黄建伟教授完成的《失地农民关键生计要素间的关系研究及其结构方程模型的构建》这一著作，以结构方程构建和应用为核心，揭示失地农民关键生计要素的内在关系。所形成的结论，对于更深刻地认知失地农民生计问题具有重要的理论参考和方法借鉴。该著作研究成果表明：

一是关键生计要素之间存在密切的关联关系。"生计政策"能对"生计能力"产生直接和间接的正面影响。"生计政策"除了直接作用于"生计能力"外，还通过影响"生计资本"间接地作用于"生计能力"。因此，著作研究认为"生计资本"是"生计政策"对"生计能力"产生双重叠加效应的重要因素。

二是合理的补偿机制是生计能力的重要体现。研究表明，"非货币补偿政策"和"货币补偿政策"分别与"博弈能力"和"生存能力"互为影响，其中前一对关系为正相关，后一对关系为负相关。因此，需要有多元化的补偿机制。

三是重视"生计能力"和"生计资本"的共同作用。研究表明，要使"生计政策"对"生计能力"的提高产生尽可能大的政策效果，不仅应该重视该类政策如何直接作用于这种能力的提高，还要十分重视该类政策如何作用于

"生计资本"的提高，从而间接地将该类政策的效应传递给这种能力的释放，以提高该类政策的总体效能和实现该类政策的最终目标；"非货币补偿政策"是最重要的"生计政策"，"非金融资本"是最重要的"生计资本"，"生存能力"是最重要的"生计能力"；对于"生计能力"的提高而言，"非货币补偿政策"的政策效果要比单纯的"货币补偿政策"的政策效果更好。

本著作研究的学术意义着重体现在三个方面：一是创新性地细化了失地农民生计的内涵，从而更为科学地描述了生计政策、补偿政策等对失地农民生计能力、生计资本的影响。二是结构方程模型的工具和方法在本项目中的应用为同行提供了重要的范例，有利于促进该研究方法的发展。本项目的最终成果不仅是一部验证和探讨科学问题的学术作品，也是一部通过研究实例介绍统计软件 SPSS 和 AMOS 并以 AMOS 为主的使用和操作的"工具书"。三是提出了以善待失地农民为基础的友好型生计政策。专著中友好型生计政策是指不仅具有针对性，还具有既有实效又能被失地农民广为接受之特点的政策。具体而言，这种友好型的生计政策不仅注重政策配套，还注重政策均衡。同时，还要将通过有效的生计政策，促进和引导失地农民生计资本的积累，纳入政府征地的重大决策部署。

黄建伟教授作为一名长期致力于研究失地农民问题的中青年学者，在该研究领域具有较好的研究积累。本专著作为其失地农民问题研究的延续，其对该问题的深入研究既是基于原有的研究基础，同时又是对原有研究在方法上、内容上及学术思想上的一种突破。其克服困难的勇气和认真的研究态度难能可贵。

失地农民的生计，在不同的时空阶段有不同的表现特征或具体内涵。衷心希望黄建伟教授，在现有创新性研究的基础上，不断完善和发展失地农民生计的理论与方法，不断拓展研究成果应用的地域空间，从而不断取得更多、更好的研究成果。以此共勉。

南京大学国土资源与旅游学系博士生导师、教授
教育部长江学者特聘教授、中国土地学会副理事长

2017 年 5 月 30 日

目　　录

第1章　研究综述 ································· （ 1 ）

　1.1　研究意义 ································· （ 1 ）

　1.2　国内研究现状及发展动态分析 ················· （ 3 ）

　1.3　国外研究现状及发展动态分析 ················· （ 7 ）

　1.4　结论 ··································· （ 9 ）

第2章　研究论证 ································· （ 12 ）

　2.1　研究内容 ································· （ 12 ）

　2.2　研究方案 ································· （ 16 ）

　2.3　可行性分析 ······························· （ 18 ）

第3章　信度检验 ································· （ 26 ）

　3.1　抽样方法 ································· （ 26 ）

　3.2　样本分布 ································· （ 26 ）

　3.3　标记变量 ································· （ 28 ）

　3.4　信度检验 ································· （ 31 ）

第4章　模型构建 ································· （ 72 ）

　4.1　分数加总 ································· （ 72 ）

　4.2　变量制作 ································· （ 74 ）

　4.3　数据处理 ································· （ 80 ）

第5章　报表分析 ································· （ 86 ）

　5.1　浏览完整构建模型的路径系数 ················· （ 86 ）

　5.2　输出模型报表 ····························· （ 86 ）

　5.3　回归系数分析 ····························· （ 88 ）

5.4 违反估计分析 ································· （89）

5.5 正态性检验 ····································· （91）

5.6 异常值处理 ····································· （92）

5.7 模型内在质量判断 ····························· （94）

5.8 拟合度指标分析 ······························· （97）

第6章 模型修正 ································· （100）

6.1 释放限制 ····································· （100）

6.2 模型精简 ····································· （107）

第7章 研究结论 ································· （132）

7.1 关于研究假设 ································· （132）

7.2 关于模型拟合 ································· （134）

7.3 关于模型解释 ································· （135）

7.4 关于概念界定 ································· （138）

7.5 关于政策建议 ································· （141）

附件一 江西省十一个地级市抽样选点信息表 ········· （146）

附件二 信度检验前使用的调查问卷 ················· （150）

附件三 信度检验后使用的调查问卷 ················· （166）

附件四 模型修正后精简模型使用的调查问卷 ········· （177）

附件五 模型修正后精简模型的输出结果 ············· （188）

附件六 作为课题研究延伸阅读的文献计量 ··········· （200）

参考文献 ··· （217）

后记 ·· （219）

第1章 研究综述①

1.1 研究意义

新中国成立近 70 年以来，我国城市化水平大幅提高，城市个数由新中国成立前的 132 个增加到 2008 年的 655 个，城市化水平由 1949 年的 7.3% 提高到 2008 年的 45.68%②。到 2030 年，中国的城市化率将达到 70% 左右。那将意味着，除了要解决上一轮发展中累积的问题，还要解决近 4 亿农民的城市化③。实际上，我国城市化水平的提高，是以广大农民失去大量赖以生存的土地为代价的。受"城市经营理论"的影响，地方政府热衷于搞"土地财政"，盲目追求城市化水平，近年来，我国城市化进程迅速推进，征用了大量农村集体土地，产生了大量"种田无地、就业无岗、社保无份"的失地农民。从经验数据来看，每征用 0.067 公顷（1 亩）耕地，就产生 1.5 个失地农民。据学者推算，目前，我国失地农民人数应在 5100 万 ~ 5525 万，再加上因农村超生等原因没有分到土地的"黑户口"劳动力，这个数目则逾 6000 万④。还有学者指出，按照我国现有的城市化水平和经济发展速度，今后每年仍需征用农地16.7 万 ~ 20 万公顷，每年将新增失地农民 375 万 ~ 450 万人，10 年后失地农民总数将接近 1 亿人⑤。目前，60% 失地农民的生活十分困难，有稳定经济收入、没有因失地影响基本生活的只占 30%⑥。在此背景下，以可持续生计理论为支撑，研究失地农民关键生计要素的关系、建立科学的生计模型并据此向党

---

① 黄建伟. 失地农民生计研究现状及其动态分析 [J]. 商业研究，2011 (7)：140 - 144.

② 统计局：建国 60 年我国城市化水平提高 5 倍多 [EB/OL]. http：//news. xinhuanet. com/fortune/2009 - 09/18/content_12075777. htm，2009 - 09 - 18.

③ 刘守英. 谁的城市化？[J]. 中国改革，2010 (6).

④ 杨涛，施国庆. 我国失地农民问题研究综述 [J]. 南京社会科学，2006 (7)：103.

⑤ 何格，等. 合理安置失地农民的构想 [J]. 农村经济，2005 (1)：42.

⑥ 中国 4000 万失地农民流荡城市 [N]. 青年参考，2004 - 04 - 14.

和政府提出解决我国失地农民的可持续生计问题的政策建议显得十分必要。

由于失地农民利益受损和生计不可持续，近几年因失地引起的越级上访事件和群体性突发事件甚至"流血"与"自焚"事件时有发生，"警民"关系因此更加紧张，"官民"矛盾也更加尖锐，严重影响了社会和谐和农村稳定，甚至在一定程度上还影响了党和政府的形象。温家宝总理曾在《求是》撰文强调："目前不少征地项目不给农民合理的补偿，不妥善解决农民的生计，造成农民失地失业，危及农村社会稳定。不少地方乱占滥征耕地，随意圈地，有的地方征地规模过大。这些问题必须引起高度重视"①；中国社科院研究员樊平认为："我国失地农民问题严重，反映强烈，成为影响当前农村社会稳定的第一位问题"②；中国社科院研究员于建嵘指出："我国农民失地失业问题不仅仅是一个农村经济问题，在很大程度上更是一个严重的社会政治问题"③；南京大学政府管理学院童星教授认为："数以万千的'流民'是能够蕴藏巨大能量的，因农民失地而可能引发的政治合法性危机已露端倪"④。国务院发展研究中心研究员刘守英认为："土地问题已成为威胁社会稳定的首要因素，对政权巩固的影响不可小视，必须加快制度改革步伐"⑤。农民失地引起的社会问题至今还十分严重，党和国家领导人十分重视。2011 年 1 月 24 日，共和国总理首次与来京上访群众进行面对面交流。在听完村民反映农村土地征用和房屋拆迁的问题后，温家宝总理指出："土地资源十分宝贵，土地是农民的命根子，政府必须严格依法审批占用耕地的项目，依法征用农村土地和宅基地，必须保障农民的知情权，尊重农民的意见，给予农民合理补偿，保障农民的权益"⑥。实际上，保障失地农民的权益关键是要通过合理的政策设计保障其生计可持续。其生计是否可持续，不仅是关系到其未来的生存和发展，更关系到

① 温家宝. 认真贯彻十六大精神 为推进农村小康建设而奋斗 [J]. 求是，2003 (3)：5.

② 汝信，陆学艺，李培林. 2005 年：中国社会形势分析与预测 [M]. 北京：社会科学文献出版社，2004：317.

③ 于建嵘. 农民失地失业是一个严重的政治问题 [J]. 探索与争鸣，2004 (1)：10.

④ 童星，马西恒，王毅杰，严新明，张海波. 交往、适应与融合———一项关于流动农民和失地农民的比较研究 [M]. 北京：社会科学文献出版社，2010：233.

⑤ 刘守英. 谁的城市化？ [J]. 中国改革，2010 (6).

⑥ 中国政府网. 温家宝到国家信访局就政府工作听取来访群众意见 [EB/OL]. http://www. gov. cn/ldhd/2011 – 01/25/content_1792332. htm，2011 – 01 – 25.

社会风险产生的初始大小和加速度①。解决好失地农民生计问题，才能保证征地拆迁的安定和谐，从而尽可能减少不和谐因素。因此，研究失地农民关键生计要素的关系、建立科学的生计模型并据此向党和政府提出解决我国失地农民的可持续生计问题的政策建议还显得十分紧迫。

另外，从纯学术的角度看，结构方程模型的工具和方法在本书中的应用还能促进公共管理和公共政策定量分析方法的发展。同时，本书的任务不仅在于研究失地农民关键生计要素（生计资本、生计政策、生计能力）间的关系、建立相应的结构方程模型并据此提出解决失地农民可持续生计的具体政策方案，而且还在于发现和传播短期内不会成为某些地方政府政策制定过程中所缺乏的学术思想，如"可持续生计""善治"等思想。本书的研究坚定不移地追求长远目标，而不是眼前利益，并且着眼于未来，注重发掘社会发展的新思想，寻找社会发展的潮流，使决策者逐渐接受这些思想②。

综上所述，笔者认为，本书研究具有重大的现实意义和较高的理论价值。

1.2 国内研究现状及发展动态分析

2011 年 2 月 20 日，笔者在中国知网中的"中国学术文献网络出版总库"（网址为：http：//epub. cnki. net/grid2008/index/ZKCALD. htm）输入相应的目标文献内容特征（题名含"失地农民"或含"被征地农民"这两个关键词）后进行检索，检索结果显示，相关文献共有 6984 篇，其来源数据库的文献数量情况如下：中国学术期刊网络出版总库 2903 篇、中国博士学位论文全文数据库 16 篇、中国优秀硕士学位论文全文数据库 415 篇、中国重要会议论文全文数据库 134 篇、中国重要报纸全文数据库 2980 篇、中国年鉴网络出版总库 536 篇。另外，笔者在"中国国家数字图书馆"和"卓越网"检索到已出版的有关专著（即专著书名包含"失地农民"或"被征地农民"这两个关键词）共 20 部。以上数据表明，当前国内有关失地农民问题研究的文献已经相当丰富。在以上文献中，有部分学者以"可持续生计"的理论为"分析工具"和"理论支点"，专门研究失地农民的生计问题。笔者通过对以上与失地农民

---

① 罗蓉. 中国城市化进程中失地农民可持续生计问题研究［D］. 成都：西南财经大学，2008：1－2.

② 陈振明. 政策科学——公共政策分析导论［M］. 北京：中国人民大学出版社，2003：109.

"可持续生计"问题相关性强的部分文献①的认真梳理，发现以上文献主要对以下七个问题进行了探讨。

（1）失地农民可持续生计的定义。可持续生计是指个人或家庭为改善长远的生活状况所拥有和获得的谋生能力、资本和有收入的活动。学术界在研究失地农民可持续生计问题时，大多数学者认同并引用了该定义（如黄河，2005；张时飞，2006；刘家强，2007；王慧博，2008；赵兴玲，2009 等）。虽然有学者（如李炜，2006；王作安，2007；袁斌，2008）对该定义的表述有所不同，但对这个概念的基本思想的理解是一致的。

（2）失地农民可持续生计的特征。现有的文献将失地农民可持续生计的特征概括为"三性"：即延续性、发展性和正义性（王明英，2006）。

（3）失地农民可持续生计的分析框架。在失地农民可持续生计分析框架的研究中，学术界倾向于使用英国国际发展机构（UK's Department for International Development，DFID）建立的可持续生计框架——DFID 模型（如成得礼，2008）。学者黄建伟在成得礼研究的基础上，对 DFID 模型进行了修正，基于失地农民的脆弱性背景（即失地、失业、失保、失权、失身份）建立了反映失地农民生计要素即生计资本、生计政策和生计能力之间关系的分析框架（黄建伟，2009）。

（4）失地农民可持续生计的评价指标。胡初枝等提出的"两保"的评价体系和量化标准（胡初枝，2008）对研究失地农民可持续生计问题具有极其重要的参考价值，尤其是其研究思路和研究方法的创新十分值得肯定，但有几个问题是值得商榷的：如指标的类型划分是否合理？指标的类型是否偏少？权重系数的设置是否有科学依据？评价体系和量化标准是否具有普适性？

（5）失地农民可持续生计存在的主要问题。根据国内学者的研究，我国失地农民可持续生计存在的主要问题是补偿安置问题、就业和创业问题、收支问题、社会保障和权益保障问题及身份窘境问题（朱秀变、崔志坤，2005；张时飞，2006；王文川、马红莉，2006；王明英，2006；周焕丽、惠永智、王玉，2007；刘润彩，2008；于全涛，2008）。

（6）失地农民可持续生计的影响因素。国内现有文献在研究失地农民可持续生计的影响因素时大多采用规范研究和定性分析的方法，但也有学者使用

① 本书花了近一年时间对相关文献进行收集、整理和筛选，发现相关性强的文献即引用"可持续生计"理论来分析失地农民问题的文献不超过100篇。

了实证研究和定量分析的方法。在规范研究和定性分析中，有学者认为，失地农民可持续生计的影响因素包括经济资本匮乏、社会资本短缺、人力资本不足和传统人际关系资本弱化等（王慧博，2008）；也有学者认为，存量货币（一次性土地补偿费）、职业、社会保障的不可持续和文化适应滞后影响了失地农民的可持续生计（刘晓霞，2008）；还有学者认为，影响失地农民可持续生计的因素中，既有主观方面的原因，也有客观方面的原因（赵兴玲，2009）。在实证研究和定量分析的方法中，有学者经过因子分析、信度检验、相关分析和回归分析，对相关假设进行了验证，并构建了数据模型，其研究结果表明，土地征用费类因素、土地赔偿费类因素及政策支持和保障措施都会对失地农民的可持续生计产生显著的积极影响（袁斌，2008）。

（7）解决失地农民可持续生计问题的对策。针对失地农民可持续生计存在的问题和其影响因素，在"可持续生计"理念的指导下，我国学术界至少提供了十种解决失地农民可持续生计问题的思路（黄建伟，2011）：一是实现充分就业的思路；二是鼓励自主创业的思路；三是转换农民角色的思路；四是落实社会保障的思路；五是完善补偿机制的思路；六是积累家庭资产的思路；七是保护合法权益的思路；八是创新现有制度的思路；九是建设内源社区的思路；十是转变传统观念的思路。

十分可喜的是，失地农民问题的研究成果不仅数量可观，而且在失地农民生计方面的研究越来越深入，不少学者在探讨以上七个方面的问题的同时，也十分关注失地农民生计要素间的关系研究，尤其是在其关键生计要素如生计资本、生计政策和生计能力间的关系研究方面有所建树。有学者根据我国失地农民的实际情况，对可持续生计的 DFID 模型进行了修正，修正的模型显示了生计资本、生计政策与生计能力之间具有较强的相关性（罗蓉，2008；黄建伟，2009）。

在生计资本与生计能力的关系研究方面，我国学者已经得出以下相关的研究结论：（1）人力资本影响就业能力。如有的学者认为，随着科技进步和城市产业结构升级，城市对劳动力的需求不再是简单的体力劳动者，人力资本存量低对失地农民就业的约束会表现得越来越强烈（李洁，2010）。但同时也认为，就业能力是一种可以通过教育性人力资本的投资如教育培训等得到提升的职业能力（尹奇，2010；李洁，2010）。有研究显示，失地农民的人力资本低下是其未能就业的主要原因（李琴、孙良媛、罗凤金，2009）。在中国大中型城市的城乡结合部地区，失地农民的人力资本水平通常对其就业或劳动供给具有显著的积极或正向影响（邓国取，2009；谢勇、徐倩，2010）。（2）社会资本影响就业能力。失地农民要实现就业，不仅要靠他们的人力资本，还要靠他们的社会资本（沈关宝、李耀锋，2010）。（3）金融资本和自然资本影响创业能力。有学者认为，资金短缺是制约失地农民创业的关键（中国人民银行杭州中心支行课题组、董沿，2007）。还有学者认为，所处区域是否具有丰富的自然资源、气候条件等都是影响创业的重要因素（韩志新，2009）。

在生计政策与生计能力的关系研究方面，我国学者已经得出以下相关的研究结论：（1）生计政策（如制度安排）影响可行能力。可行能力是社会成员在若干活动领域所拥有的选择自由，不同的社会群体拥有的可行能力水平差异极大，这首先取决于社会的制度安排，制度规定的一系列资源配置规则和机会分配规则对于群体的可行能力具有首要的决定作用（徐琴，2006）。因为作为一个客观事实，失地农民的确文化程度不高、缺乏劳动技能、社会支持网不发达等。但是，如果从形成的原因来看，显然与我国长期以来"城乡分治、一国两策"的二元结构以及分割的户籍管理制度、福利保障制度、就业和教育等一系列的社会安排有密切关系（陈雷、张陆伟、孙国玉，2010）。（2）生计政策影响就业能力。失地农民单凭自身努力很难找到适合的工作，生活也由此不同程度地陷入困境。这就对国家相关部门出台政策以支持其就业提出了迫切需要（张汝立、黄瓒，2007）。经济参与能力的核心是就业竞争力，对于失地农民而言，此项能力的短缺不仅因为自身人力资本和社会资本不足，更与一系列排斥性的制度安排有关（徐琴，2006）。有研究显示，社会保障体系、就业安置政策、土地补偿政策、教育政策等生计政策均为影响失地农民就业能力的因素（王轶、宗晓华，2009）。（3）创业能力的提升需要创业政策的支持。有学者认为，政府需要通过制定和实施良好的创业政策加强对创业企业的支持，推动创业活动的开展并提高其成功的可能性（韩志新，2009）。提升失地农民创业能力需要提供的政策支持至少应该包括提供项目支持、服务支持和金融支持（邓国取，2009）。（4）参保政策影响参保能力（如参保意愿）。有研究表明，政策宣传力度不够和失地农民社会保障制度存在缺陷，是失地农民参保意愿低的主要原因（张盈华、杜跃平，2007）。

在生计政策与生计资本的关系研究方面，我国学者已经得出以下相关的研究结论：（1）土地及其相关政策影响生计资本。有研究表明，与生计有关的政策对生计资本的存量和积累影响显著。如有学者得出如下结论：土地及其相关的制度是决定农民生计安排的关键因素……从某种意义上讲，失地农民的生计资本贫乏很大程度上来自于生计制度的贫困（罗蓉，2008）。（2）补偿政策影响金融资本。有学者认为，土地征用赔偿制度是决定失地农民理性安排土地收益（金融资本）的重要保证（刘家强、罗蓉、石建昌，2007）。（3）社保政策影响人力资本。有研究认为，制定医疗保险政策，为失地农民建立适宜的医疗保险对于降低他们的疾病风险、提高其人力资本的数量和质量无疑具有重要的意义（嘉蓉梅、李燕琼，2006）。

1.3　国外研究现状及发展动态分析

与国内学者的研究相比，国外学者尤其是西方学者近二三十年来对失地农民进行的研究相对较少。国外学者对失地农民问题的研究主要出现在国内学者对国外学者相关研究的零散介绍中。其主要原因在于西方社会早已度过了城市化与工业化的阶段进而转向后现代与后工业化的发展，失地农民问题已非西方社会所要关注的核心议题。西方国家大多实行的是土地私人所有制，这一点与中国的土地集体所有制有根本不同，尽管如此，有关国外的研究对于中国关于失地农民的制度安排与实践仍然具有一定的借鉴意义①。

笔者在 EBSCO 学术资源检索平台检索后发现，有少量国外学者关注拉美和亚洲的失地农民问题。如有的学者介绍了巴西土地改革和"无地农民"运动的情况（Laws，Forrest，2003；Plakans，Andrejs，2006）；又如有的学者介绍了玻利维亚将荒地分配给无地农民并给予免税和免征的土改议案（Sarah Lazare，2006）；再如有的学者介绍了菲律宾无地农民的生计现状并在 *Nation* 中写道："菲律宾的耕地改革迫在眉睫。在一个 70% 的人口都是农民的国度，不低于 7/10 的农民无法拥有属于他们生计的土地……他们注定了贫穷"（Collins、Joseph，1987）。另外，中文文献中还能检索到少量国外学者的相关研究。如韩国学者朴商道（复旦大学行政管理专业留学生）在《上海行政学院学报》上发表论文介绍了韩国政府对失地农民的诸多政策，如社会保障、科技农业教育及金融贷款政策等并与中国的农地征收政策作了比较（朴商道，2007）。

对国外相关文献的讨论，我国学者张汝立作了较好的概括（张汝立，2006）。张汝立认为，关于英国的"圈地运动"给失地农民造成的不良影响，曾有许多学者从不同角度进行研究（芒图，1983；克拉潘，1980；豪斯赫尔，1987；考特，1992，等）。有学者指出："圈地使畜群肥，使穷人瘦"。马克思

---

① 李航．征地过程中失地农民与地方政府的社会交换［D］．上海大学，2010：18．

和恩格斯对此也有精辟的论述："他们大批地变成了乞丐、盗贼、流浪者，其中一部分人是由于习性，但大多数为环境所迫"。① 另外，张汝立还对国外学者（如帕克，1987；哈里森，1984；阿明，1990；普雷维什，1990；托达罗，1992）对美国、拉美和其他发展中国家的城市化政策给失地农民造成不良影响的研究进行了综述。另外，我国学者陈传锋（2005），汤志林、陈芳（2007），沈关宝、王慧博（2008）等对国外学者的相关文献也进行了必要的讨论。有研究认为，国外学者对土地问题和失地农民问题的研究已从单一的土地交易、土地改革、失地农民问题等点线研究转向了系统研究，开始重点研究与土地相关的各种关系和各个系统，重视弱势群体的合法土地利益，重视从多视角解决土地冲突，着手优化政府土地管理，遏制土地腐败等（沈关宝、王慧博，2008）。虽然国内外的土地制度存在较大差异，但笔者仍然认为国外的相关文献对研究我国失地农民问题有一定的参考价值。

尽管国外关于失地农民问题研究的相关文献不多，但关于"可持续生计"（Sustainable Livelihoods）的研究文献却相对丰富。而国外的"可持续生计"理论实际上成了我国学者研究失地农民问题的重要"分析工具"和"理论支点"。在我国，可持续生计的理论主要用来指导解决失地农民问题（黄建伟，2009）。在此，笔者有必要对国外关于"可持续生计"的研究现状及发展动态进行简单分析。

"可持续生计"概念最早见诸 1991 年世界环境和发展委员会的报告："它从一开始就是要维系或提高资源的生产力，保证对财产、资源及收入活动的拥有和获得，而且要储备并消耗足够的食品和现金，以满足基本的需要"（唐钧，2005）。1992 年，联合国环境和发展大会（UNCED）将此概念引入行动议程，在第 21 项议程中指出，稳定的生计可以使有关政策协调地发展、消除贫困和可持续地使用资源（纳列什·辛格，2000）。在 1995 年社会发展峰会上通过的《哥本哈根宣言》中是这样表述的："使所有男人和妇女通过自由选择的生产性就业和工作，获得可靠和稳定的生计"（唐钧，2004）。

在国外，"可持续生计"的研究文献已有一定的数量。笔者在 EBSCO 学术资源检索平台就检索到 282 篇题名含有"Sustainable Livelihoods"这个关键词的文献。学术界对"可持续生计"概念的理解是建立在对"生计"概念的理解的基础之上的。其中 Chambers 和 Conway 关于"生计"的概念为学术界界

---

① 马克思. 资本论 [M]. 北京：人民出版社，1972：843.

定"可持续生计"的概念奠定了最坚实的基础。Chambers 和 Conway 将"生计"定义为是一种谋生的方式，该谋生方式建立在能力（Capabilities）、资产（Assets）（包括储备物、资源、要求权和享有权）和活动（Activities）基础之上（Chambers & Conway，1992）。尽管国外其他学者对生计概念的具体表述有所不同，但在关键生计要素的认识上基本一致：即将资产或资本、权力或政策、行动或能力看成是其核心部分。如 Ellis 在强调农村生计多样化的研究中认为以上三大生计要素决定了个人和农户的生活获取（Ellis，2000）；又如 Scoones 在强调生计的可持续性研究时给出的生计定义也包含了以上三大生计要素（Scoones，1998）。另外，Sen 十分重视人的可行能力，他把能力看作是人能够生存和做事的功能（Sen，1997）。能力的引入不仅扩大了生计概念的范畴，还使人们在解决贫困人群的生计问题时更加重视人本身能力的发展。在国外，可持续生计一般被定义为"个人或家庭为改善长远的生活状况所拥有和获得的谋生的能力、资产（物质的和社会的资源）和有收入的活动（Chambers and Conway，1992）。如果能够应付压力和冲击且恢复，并且在不过度消耗其自然资源基础的同时维持或改善其能力和资产，那么该生计具有持续性"（Farrington，Carney，Ashley & Turton，1999）。以上可持续生计的理论被国际社会广泛用于解决贫困人群的生计问题并发展成了多种分析框架。如英国国际发展机构（UK's Department for International Development，DFID）、可持续性农村生计咨询委员会（Sustainable Rural Livelihoods Advisory Committee）、Scoones（1998）、Carney（2002）、Ellis（2000）、Bebbington（1999）等均提出并发展了可持续生计的分析框架。这些分析框架不少是以资本、能力、政策（制度）为核心来分析贫困群体的生计问题。在众多的框架中，英国国际发展机构2000 年建立的 SL 框架——DFID 模型较为出色和典型[①]，已经被许多组织采纳。

1.4　结　　论

1.4.1　国内失地农民可持续生计问题的研究已经取得了一定进展

综上所述，国内研究失地农民问题的文献已经相当丰富，但用"可持续

---

① DFID. Sustainable Livelihoods Guidance Sheets. Department for International Development，2000.

生计理论"来研究失地农民问题的研究文献相对较少。尽管如此，我国失地农民可持续生计问题的研究已经取得了一定进展：国内相关文献界定了"可持续生计"的定义，概括了失地农民可持续生计的特征，建立了失地农民可持续生计的分析框架（DFID 模型），提出了失地农民可持续生计的评价体系和量化标准，分析了失地农民可持续生计存在的主要问题及其影响因素，提供了解决失地农民可持续生计问题的多种思路。十分值得肯定的是，国内学者对失地农民关键生计要素如生计资本、生计政策和生计能力间的关系研究方面有所建树，如对生计要素间的具体关系进行了初步探讨。可以认为，国内学者对失地农民关键生计要素间的关系研究已有一定的理论基础。

1.4.2　国外的相关研究成果为本书研究提供了重要的理论支撑

虽然近年研究失地农民问题的国外文献不如国内文献丰富，但国外的现有研究成果仍然对我国学者研究失地农民问题有重要的参考价值。尽管西方社会早已度过了城市化与工业化的阶段进而转向后现代与后工业化的发展，失地农民问题已非西方社会所要关注的核心议题，但关注贫困人群的生计问题仍然是其重要的使命，因此国外尤其是西方学者和有关机构提出并发展了"可持续生计"的理论模型和分析框架。而该理论模型和分析框架正是我国学者研究失地农民生计问题的"理论支点"和"分析工具"。尽管国外学者对生计概念的具体表述有所不同，但在关键生计要素的认识上基本一致：即将资产或资本、权力或政策、行动或能力看成是其核心部分。可持续生计的理论被国际社会广泛用于解决贫困人群的生计问题并发展成了多种分析框架。这些分析框架不少是以资本、能力、政策（制度）为核心来分析贫困群体的生计问题。因此，笔者可以认为国外的研究成果为本书研究提供了重要的理论支撑。

1.4.3　我国失地农民生计问题的研究还有很大的研究空间

毋庸置疑，国内对失地农民可持续生计问题的研究已经取得一定的成果。但在看到成果的同时，笔者也不得不承认，国内的相关研究存在以下几个问题：一是系统的相关研究较少。国内相关文献大多数是期刊论文、硕士论文和报刊文献，而系统研究该问题的专著、博士学位论文相对偏少。二是对失地农民关键生计要素间的关系研究仍然不够深入和系统，尤其是对其关键生计要素间的具体关系缺乏深入细致的科学验证，对其生计规律也缺乏系统的论证。这些研究缺陷的存在不利于决策者进行科学决策。三是研究方法的单一和研究工具的落后。国内的相关研究主要使用了规范研究和定性分析的方法，而实证研究和定量分析的方法使用相对较少。虽然有少数学者借助 SPSS 这款统计软件对失地农民的可持续生计问题进行定量分析，但却没有一位学者借助 AMOS 或 LISREL 来研究其关键生计要素（如生计资本、生计政策和生计能力）之间的关系并建立相应的结构方程模型。因此，本书具有极大的研究空间。在此，基于可持续生计的分析框架，笔者希望在研究失地农民的生计问题时在研究方法上有所改进，并借助更先进的研究工具建立失地农民关键生计要素间的结构方程模型并据此向党和国家提出更加科学和有效的政策建议。

第2章　研究论证

　　失地农民生计问题是当前我国农村最敏感、最突出、最棘手的问题之一，妥善解决该问题显得十分必要和紧迫。笔者认为，解决失地农民生计问题的突破口在于找到其关键生计要素并把握其关键生计要素间的关系规律。因此，研究失地农民关键生计要素间的关系、建立相对应的结构方程模型具有重要的现实意义。

　　为了实现预期研究目标，笔者在课题申报时进行了较为全面的论证，基于篇幅所限，本章在研究论证中主要介绍研究内容、研究方案和可行性分析的论证情况。

2.1　研究内容

2.1.1　概念界定

　　为了使本书研究更有可操作性，必须对相关概念进行深入探讨并严格界定。在本书中，将失地农民界定为"在城市化进程中被动失去全部或部分农用地的法律主体"[①]。而关键生计要素是指个人或家庭实现可持续生计最重要、最核心的要素。关键生计要素主要包括生计资本、生计政策和生计能力，因此，与关键生计要素直接相关的概念就包括以上三大要素。这三大关键生计要素及其相关概念的界定和探讨应该成为本书研究的重要内容之一。

2.1.1.1　生计资本

　　生计资本是指失地农民个人或家庭为维持当前和改善长远生活状况所拥有

---

① 黄建伟. 失地农民的概念问题研究［J］. 调研世界，2009（3）：24 - 27.

和获得的有形或无形的各种资本的总称。它是一个相对抽象的概念。为了便于理解和操作，有时和资产、资源等概念进行"通用"（尽管它们的确切定义并不完全相同）。一般而言，生计资本可以具体分为人力资本、社会资本、自然资本、物质资本和金融资本。以上五大生计资本的概念界定和学术探讨是本书研究的前提条件之一。

2.1.1.2　生计政策

生计政策是指公共部门制定的旨在帮助失地农民个人或家庭维持当前和改善长远生活状况的各种政策的总称。这里的政策是指公共政策。为了便于理解和操作，有时将生计制度、生计策略等概念等同于"生计政策"（尽管实际上它们并不等同）。生计政策实际上也是一个相对抽象的概念。根据我国的实际情况，失地农民的生计政策一般包含土地政策、补偿政策、就业政策、创业政策和社保政策这五类具体政策。以上五类具体的生计政策的概念界定和学术探讨是本书研究的前提条件之一。

2.1.1.3　生计能力

生计能力是指失地农民个人或家庭为维持当前和改善长远生活状况所拥有和获得的各种能力的总称。它同样也是一个相对抽象的概念。就失地农民而言，其生计能力一般包含可行能力、博弈能力、就业能力、创业能力和参保能力这五种具体能力。失地农民生计能力提高的重要表现就是其工资性收入、经营性收入、财产性收入和转移性收入均得到不同程度的增长。以上五种具体的生计能力的概念界定和学术探讨是本书研究的前提条件之一。

2.1.2　研究假设

本书提出以下研究假设并用江西抽样调查的数据加以验证。

假设 1（H1）：生计资本影响生计能力并且每类生计资本对每种生计能力均有不同程度的影响，其具体的关系预设如图 2 - 1 所示。

假设 2（H2）：生计政策影响生计能力并且每类生计政策对每种生计能力均有不同程度的影响，其具体的关系预设如图 2 - 2 所示。

假设 3（H3）：生计政策影响生计资本并且每类生计政策对每类生计资本均有不同程度的影响，其具体的关系预设如图 2 - 3 所示。

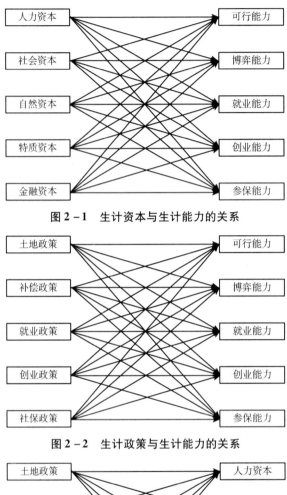

图 2-1　生计资本与生计能力的关系

图 2-2　生计政策与生计能力的关系

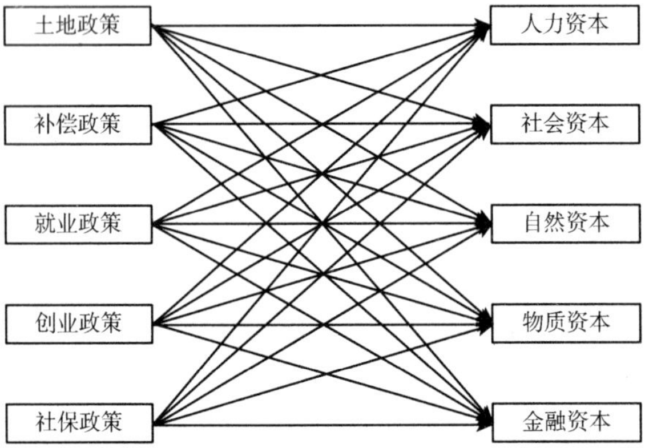

图 2-3　生计政策与生计资本的关系

以上假设如果成立，那么失地农民关键生计要素间的关系就可以这样表述：生计政策既影响生计资本又影响生计能力；生计政策和生计资本均影响生计能力。

2.1.3 模型预设

基于以上假设，对失地农民关键生计要素间的关系预设为结构方程模型并加以验证。本书通过精心设计调查问卷，并使用李克特七分（点）或七分（点）以上的量表（之所以使用这种量表，是因为在 AMOS 中，使用变量的测量量尺最好是连续量尺，以减少数据过度偏态的现象。有学者指出，当变量的量尺超过 7 点以上时，即可视为连续量尺[①]），以提高测量的信度与效度，并借助 AMOS7.0[②] 建立失地农民关键生计要素间的结构方程模型，这是本书研究欲解决的关键科学问题。该预设模型如图 2 - 4 所示。

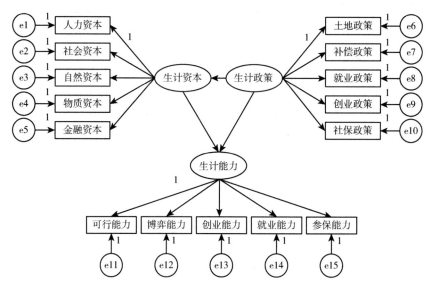

图 2 - 4　失地农民关键生计要素间的结构方程模型

在该预设模型中，生计资本、生计政策、生计能力为潜在变量（以椭圆

---

① K. A. Bollen，*Structural Equations with Latent Variables*（New York：John Wiley and Sons）.

② AMOS 原来是 SmallWaters 公司的产品，但在 AMOS6.0 之后由 SPSS 独家经销。正版的 SPSS 在 14.0 及以后的版本在安装之后，点击 "Analysis" 工具列的最后一项就是 AMOS。

表示);人力资本、社会资本、自然资本、物质资本、金融资本、土地政策、补偿政策、就业政策、创业政策、社保政策、可行能力、博弈能力、就业能力、创业能力、参保能力为观察变量(以长方形表示);e1~e15为误差变量(以圆形表示)。在实际的操作过程中,本书还需根据输出报表对模型拟合度进行估计并利用修正指标对模型进行修正,最终探索出最佳模型。

2.2 研究方案

2.2.1 设计类型

从研究的目的来看,本书以解释性研究为主,并辅之以描述性研究;从研究的时间来看,本书是在某一个时间对研究对象进行横断面的研究,即横剖研究(截面研究);从调查对象的范围来看:本书是在江西省的范围内进行抽样调查。

2.2.2 研究方法

以统计调查为主,结合实地研究和文献资料研究。具体方法:采用问卷法收集数据资料、利用计算机进行统计分析(相关分析、回归分析、路径分析和协方差结构分析)最终目的是建立结构方程模型,使用统计软件 SPSS22.0和 AMOS22.0)。此外,还需要结合现场观察、深度访谈等实地研究和统计资料分析、内容分析及历史比较分析等文献资料研究。

2.2.3 分析单位

分析单位主要是具有劳动能力的失地农民(但抽样单位是失地农民家庭即失地农户),辅助分析的单位有家庭、村(居委会)、乡(镇、街道办)、县(市)和地级市。

2.2.4 抽样方案

研究总体为我国城乡结合部具有劳动能力的失地农民,但调查总体为江西省城乡结合部2007~2008年产生的具有劳动能力的失地农民。选点:在江西省所辖的11个地级市中的99个县(市辖区、县级市)各选择1个典型的乡(街道办事处、镇),再在每个乡(街道办事处、镇)中各选择1个典型的村

（居委会、社区、管理处）。每个村（居委会、社区、管理处）随机抽取 30 户失地农户进行问卷访问。被选择的村（居委会、社区、管理处）必须具备以下四个条件：一是征收的是江西省范围内的农村集体土地；二是征地时已有省级政府的征地批文；三是征地的时间发生在 2007 ~ 2008 年（以征地批复时间为准）；四是征地涉及的权属单位被征收的耕地在 10 公顷（150 亩）以上。

本书目前已经获取了江西省国土资源厅发布的 2007 ~ 2008 年江西省 99 个县（市辖区、县级市）各批次征地的详细信息，并花费了 1 年的时间进行数据整理，在 1381 个征地批次中筛选出 75[①] 个符合上述条件的村（居委会、社区、管理处）即征地涉及的权属单位。这 75 个村（居委会、社区、管理处）即征地涉及的权属单位分别来自 75 个县（市辖区、县级市）中对应的 75 个乡（街道办事处、镇），并覆盖了江西省全省（11 个）地级市。

抽样调查分两个阶段进行：第一阶段：在以上 75 个村（居委会、社区、管理处）各抽取 30 户失地农民家庭，并以这 75 个村（居委会、社区、管理处）的 2250 户来代表江西省所有的失地农民家庭。这一阶段的抽样是采用非概率的方法（立意抽样），被调查的县（市辖区、县级市）、乡（街道办事处、镇）、村（居委会、社区、管理处）是主观选择的。第二阶段的抽样是从 2250 户中采取概率抽样（等距离抽样，每两户中选一户）的方法抽取 1125 户，这几乎等于在 75 个村（居委会、社区、管理处）中进行普查。

2.2.5　调查内容

调查问卷使用李克特七分（点）量表。问卷内容主要是调查失地农民的生计资本（人力资本、社会资本、自然资本、物质资本、金融资本）、生计政策（土地政策、补偿政策、就业政策、创业政策、社保政策）与生计能力（可行能力、博弈能力、就业能力、创业能力、参保能力）。每个方面都设置几个问题来了解。辅助问卷还有两个，一个是了解家庭情况，另一个是了解被调查者所在的村（居委会）、乡（镇、街道办事处）、县（市）的基本概况。

2.2.6　调查场所

直接进入家庭访问。之所以选择户访而不是集中填写问卷或由村干部分

---

① 因调查难度以及异常值处理等原因，最后用于数据分析的征地涉及的权属单位（样本选点）实际上只有 41 个，详细情况请查阅"附件一"中的特别说明。

发，一是由于被调查者的文化水平较低，但更主要的是因为通过问卷以外的无结构访谈和现场观察可以获得更多的信息和感性材料。

2.2.7 调查计划

调查时间安排在2012年7~9月（暑期）。在正式调查前进行文献考察和实地考察，走访一些相关部门和部分失地农民家庭。在问卷初稿设计好之后，进行"试调查"，以修订问卷。正式调查时"兵分五路"即分成5个调查小组（尽可能争取当地政府及其部门和村级组织的支持与配合），每个调查小组共5人（其中2名作为本书成员的教师和3名经过严格培训的在读研究生），每个调查小组完成15个村（居委会、社区、管理处）的调查任务，每个调查小组在每个村深入访谈和结构性问卷调查的时间控制在3天之内，这样大约45天就可以完成75个村的2250户失地农民家庭的调查任务。除发放问卷的75个村外，笔者还计划用10天左右的时间考察其他村的概况。2012年10~12月进行资料整理和计算机处理，2013年1~6月结合资料和统计结果撰写调查报告和系列学术论文。整个研究过程从准备阶段到完成调查报告和系列学术论文约两年时间。

2.3 可行性分析

2.3.1 研究方案：充分酝酿、反复论证

本书在研究什么、为什么研究、怎样研究等方面均在1年前就开始酝酿并在课题组内部和外部都进行了反复论证。比如在研究什么的问题上，笔者并不是一时的兴趣和头脑发热，而是在查阅大量的文献资料和在其他相关课题实地调研的基础上做出的选择。又比如在为什么研究的问题上，本书不仅是从学术的角度分析其理论价值，而且还从时代要求的角度剖析其现实意义。再如在怎样研究的问题上，本书更是"费尽心机"、周密部署。这主要表现在调查方案的严格选点和科学抽样上及研究方法和工具的使用上。

2.3.1.1 严格选点

对于调查地点即征地涉及的村（居委会、社区、管理处）的选择，本书制定了以下严格的遴选标准：

标准一：征收的是江西省范围内的城乡结合部的农村集体土地。

将征收"农村集体土地"作为选点标准，是为了确保调查对象是"失地农民"；将"江西省范围内"作为选点标准，主要基于以下考虑：一是笔者所在的单位在江西，在实地调研时更容易和当地政府和被调查单位协调并得到他们的支持；二是本书成员和调查员绝大部分是江西人，在江西进行调查一般不会有语言方面的障碍（经验表明，农民因文化水平普遍不高，有相当多的农民无法用普通话进行交流，如果调查员能用方言与其交流，调查效果会好很多）；三是可以节省调查成本，保证调查质量。如果在全国各省进行调查，不但调查成本巨大，而且会因语言障碍、不熟悉当地的风土人情等原因而严重影响调查质量。四是征地涉及的权属单位位居城乡结合部使调查对象更具有典型意义和研究价值。

标准二：征地时已有省级政府的征地批文。

笔者以往的调查经验表明，失地农民问题在农村是一个非常敏感的问题。如果征地没有省级政府的批文，就意味着是严重的违法征地。如果笔者深入去调查严重违法征地涉及的失地农民，失地农民往往会在接受调查的同时向笔者倾诉他们的不满甚至揭露基层干部的"腐败"问题，这样必然会引起地方政府"高度重视"并促使其想方设法阻止笔者的调查，甚至给笔者带来不必要的麻烦。虽然笔者有高度的社会责任感和强烈的社会正义感，但笔者绝不能"角色错位"，毕竟笔者只是一群学者，而不是一个反腐机构和反腐斗士。作为学者，在本书研究中一定要"摆正位置"。否则，就会远离本书研究的初衷，无法完成研究的任务。另外，如果征地时有省级政府的征地批文，本书在正式调查前更容易获得征地所涉及的失地农民的相关信息。因此，为了使本书在实地调查时能更顺利地进行，笔者在选点时将"征地时已有省级政府的征地批文"作为选点的重要标准。

标准三：征地的时间发生在 2007～2008 年（以征地批复时间为准）。

设定这个选点标准主要出于以下几个考虑：一是时间跨度小，全省各个调查地点的失地情况具有可比性。如果时间跨度太大（如有的征地发生在 2000 年，而有的征地则发生在 2010 年），因征地政策、补偿标准等相差甚远，那么失地农民在不同时间段内生计问题的比较研究的价值则要大打折扣；二是农民失去土地已经成为事实，其失地后引发和暴露的生计问题已有三年以上。因近些年来，绝大部分失地农民均能得到一笔征地补偿款，根据笔者以往的经验，失地农民失地一两年内一般不会明显暴露出生计问题。但失地两到三年以后，很多失地农民的生计问题会逐渐暴露出来并开始出现可持续生计的压力，在这种情况下去调查，本书更能获得研究所需的数据和信息。三是因在近几年失去土地，失地农民在接受调查时能较清晰地回忆起相关信息。如果征地时间距笔者失地调查的时间太长（如 10 年以上），被调查者可能对当时的征地方案、征地过程、征地政策、征地补偿、征地范围、征地面积、征地时间等相关信息已经印象不深了，甚至有的相关信息根本就回忆不起来了，这样就会影响问卷的效度和信度。而在近几年发生的征地，失地农民的家庭成员尤其是家长一般都能清晰地回忆起当时的征地情况。

标准四：征地涉及的权属单位被征用的耕地在 10 公顷（150 亩）以上。

目前，笔者虽有很多有关征地的"官方数据"，但对失地农民家庭户数的信息却仍不知晓。因此，只有根据征收耕地的面积来推测失地农民家庭户数。2005 年农村住户抽样调查资料显示，江西省农村居民平均每人经营耕地 1.47 亩①，农村户规模为 3.32 人②，据此推算，江西省农村居民户均经营耕地 4.8804 亩。假设所有失地农民家庭的耕地全部被征用（实际上只有部分家庭的耕地全部被征用），那么可计算出征地涉及的权属单位涉及的失地农民家庭户数（这是最保守的数字）为 150/4.8804 = 30.73 户 > 30 户（每个征地涉及的权属单位都抽取 30 户失地农民家庭进行调查）。这就保证了每个调查地点有足够的失地农民家庭用来抽样。实际上，征地涉及的权属单位被征用的耕地在 10 公顷（150 亩）以上所产生的失地农民家庭数量要远远超过 30 户，因为有相当部分失地农民家庭只是被征收了部分耕地。根据以往的调查经验，被征用的耕地在 10 公顷（150 亩）以上的权属单位一般会产生 60 户以上的失地农民家庭。因此，设定这个选点标准主要是为了保证征地涉及的权属单位有足够的失地农民家庭供笔者调查访问，这样可以保证调查访问时有一定选择余地（如放弃对全家外出打工的家庭的调查访问、放弃不配合或没有能力配合的家庭的调查访问）。

2.3.1.2 科学抽样

由于失地农民数量巨大，在本书的研究中进行普查是不现实的，因为普查

---

① 国家统计局：http：//www. stats. gov. cn/tjsj/ndsj/2006/indexch. htm.

② 国家统计局：http：//www. stats. gov. cn/was40/gjtjj_detail. jsp? searchword = % BC% D2% CD% A5% BB% A7% B9% E6% C4% A3&channelid = 57792&record = 13.

的调查费用巨大、时间很长、调查难以深入、准确性不高。很显然，采取抽样调查是最佳选择。但是，在无法确定抽样框（即所有失地农民的名单和户籍）的前提下，如何抽样是最大的难题之一。根据以前的调查经验和研究的特点并经过充分酝酿、反复讨论，制定了较为科学的抽样方案。具体体现在以下几个方面。

首先，界定对应的研究总体和调查总体。界定清楚研究总体和调查总体是抽样调查取得成功的重要条件之一。本书对应的研究总体为我国城乡结合部具有劳动能力的失地农民，但对应的调查总体为江西省城乡结合部 2007～2008 年产生的具有劳动能力的失地农民。这主要是考虑调查成本、调查的方便性、调查的准确性和调查的可行性。这样，尽管抽取的样本只能推论调查总体，但对研究总体尤其是中部地区的总体仍然有较大的参考价值。另外，在研究失地农民的生计问题时，还根据农村的实际情况对调查总体进行进一步界定，使其更加合理。如对"具有劳动能力"的失地农民就进行了清晰地界定："具有劳动能力"是指具有整劳动能力或半劳动能力。整劳动力是指男子 18～50 周岁，女子 18～45 周岁；半劳动力是指男子 16～17 周岁，51～60 周岁；女子 16～17 周岁，46～55 周岁，同时具有劳动能力的人。虽然在劳动年龄之内，但已丧失劳动能力的人，不应算为劳动力；超过劳动年龄，但能经常参加劳动，计入半劳动力数内。在读学生一律不计入整半劳动力数内。常住人口中的职工，若这些职工为劳动力，就包括在本户的整半劳动力中。

其次，选择恰当的抽样方法。由于调查对象即失地农民的总体边界不清，无法编制随机抽样所应具备的抽样框，因此严格的概率抽样也就无法进行。在这种情况下，选择恰当的抽样方法对保证抽样质量尤为重要。经过反复讨论，课题组认为综合使用非概率抽样和概率抽样这两种抽样方法并分阶段进行是开展研究的最佳选择。具体操作思路为：为了符合本书的研究目的，第一阶段从总体中选择少部分具有代表性的个体作为样本，即使用非概率抽样中的"立意抽样法"；为了排除调查者的主观影响，第二阶段采用概率抽样中的"等距离抽样法"进行抽样，这样可以抽选出较其他抽样方法更具代表性的样本，并且能够确知和控制抽样误差的大小，从而使样本推论总体和通过对样本的分析研究达到对总体的全体认识成为可能。

最后，确定适中的样本容量。样本容量的大小不仅影响其自身的代表性，而且还直接影响到调查的花费。太大的样本会浪费人力、财力，增加工作量；太小的样本则会降低调查的效果。因此，样本容量"适中"就十分重要。根据研究的目的、总体性质、客观条件，第一阶段计划抽取 2250 户失地农民家庭，第二阶段计划抽取 1125 户失地农民家庭。根据经验确定的样本数，总体规模在 1 万~10 万人（户）的情况下，样本占总体的比重为 1%~5%；总体规模在 10 万人（户①）以上，样本占总体的比重为 1% 以下。本书研究总体和调查总体均在 10 万人以上，因此最终样本数量为 1125 户在经验确定的样本数范围内（即样本数大于或等于 1000）。实际上，平均每户失地农民家庭的整半劳动力都在 2 人以上，所以最终的分析单位数量即失地农民数量将会在 2250 人以上。

2.3.2 研究假设：大胆假设、小心求证

根据现有的文献资料所显示的理论基础和以前在调查失地农民问题时所获得的感性认识，大胆假设失地农民的生计资本、生计政策与生计能力这三大生计要素之间存在内在的联系，即假设生计资本与生计政策是影响失地农民生计能力的两大自变量（同时生计政策影响生计资本），并将它们与因变量联系起来，建立几组陈述变量间关系的研究假设。将这些假设联系起来，就构成了解释失地农民生计问题的因果模型。

为了验证本书的研究假设并建立因果模型，笔者计划在江西全省进行抽样调查，在将数据录入计算机后，使用 SPSS16.0 这款统计软件中的"交互分析（Crosstabs）""相关分析（Correlation）""回归分析（Regression）"和"路径分析（Path Analysis）"等功能进行验证。为了更加"小心求证"，在以上验证的基础上，主要以"可持续生计理论"为理论支撑，并以此理论为引导，结合我国失地农民的实际状况和其生计得以持续的"经验法则"来构建预设（假设）的结构方程模型。此结构方程模型主要用统计软件 AMOS22.0 来验证失地农民关键生计要素（即生计资本、生计政策、生计能力）之间的因果关系。学者的研究实践证明，结构方程模型具有"重视对概念的测量、容许因变量之间也存在相互影响关系、同时处理多个因变量、容许自变量和因变量含测量误差、同时估计因子结构和因子关系、容许更大弹性的测量模型、估计整个模型的拟合程度、符合科学研究的逻辑"[2]·[3]等

---

① 本书的抽样调查以户为抽样单位，以人为分析单位。
② 侯杰泰. 结构方程模型及其应用 [M]. 北京：教育科学出版社，2004：17 – 19.
③ 王卫东. 结构方程模型原理与应用 [M]. 北京：中国人民大学出版社，2010：11 – 15.

优点，其被视为多种不同统计技术和研究方法的综合体；而统计软件 AMOS
具有"输入数据的形式灵活、操作简便、无须编程、拟合结果输出清晰明
了"① 等优点，其被视为解释不能直接测量的构念之间因果关系的佼佼者，在
社会科学尤其管理学、经济学、社会学、心理学、教育学等领域受到研究者的
普遍青睐。因此，使用统计软件 AMOS 对失地农民的关键生计要素间的关系
进行结构方程模型分析是本书的"大胆假设，小心求证"成为可能的有效工
具和方法。

在确定了有效的研究工具和方法之后，技术线路就成为"大胆假设，小
心求证"的关键。虽然结构方程模型是一个应用范围相当广泛的统计技术，
但是在执行其分析时，不同类型的结构方程模型却有着非常相似的基本分析步
骤②。这种"非常相似的基本分析步骤"实际上是广大学者在长期的研究实践
中总结出来的可靠的研究经验和成熟的技术线路，为了使大胆的假设得到更小
心的求证，本书进行结构方程模型分析的技术线路倾向于借鉴这种"非常相
似的基本分析步骤"，如图 2－5 所示。

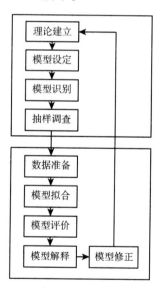

图 2－5　结构方程模型分析的技术线路

①②　林嵩. 结构方程模型原理及 AMOS 应用［M］. 武汉：华中师范大学出版社，2009：5－7.

2.3.3 研究队伍：认真筛选、合理搭配

为了能保质保量地完成本书的研究任务，课题负责人认真筛选课题组成员，尽可能做到在知识结构、职称结构、学历结构和性别结构等方面的合理搭配。尽管人均年龄不超过 35 岁，但本书成员均有较强的研究能力、较丰富的研究经验（大部分人主持过省部级课题）、较浓厚的研究兴趣和较充足的研究时间。在知识结构方面，研究队伍中既有研究专长为管理学（公共管理）的研究人员，又有研究专长为经济学、社会学和统计学的研究人员；在职称结构方面，研究队伍中有 4 名成员为高级职称、4 名成员为中级职称，2 名成员为初级职称；在学历结构方面，研究队伍中有 3 名成员为博士（不含 2009 年、2010 年入学的 2 名在读博士），7 名成员为硕士（其中 1 名硕士在读）；在性别结构方面，研究队伍中的男女比例持平，各为 5 人。

2.3.4 研究特色：综合研究、多维创新

研究特色是衡量研究价值的重要尺度之一，也是分析研究其可行性的重要指标之一。本书的研究特色可以概括为八个字：综合研究、多维创新。

（1）综合研究。本书的综合研究主要表现在两个方面：一是多学科的交叉综合。学科交叉是科学发展的必然趋势。科学技术发展到今天，无论是在自然科学界还是在社会科学界，学科交叉和学科间的相互渗透融合已经成为学术发展的一种必然趋势，这种趋势是无法阻挡的。在科学发展史上，许多重大科学发现和科学成就的取得都是学科交叉和融合的结果[①]。失地农民的生计问题是一个比较复杂的社会问题，单从某一个学科的视野难以深入系统地加以分析，从而也就无法提出考虑全面、切实可行的政策建议。根据失地农民生计问题的性质和特点及基于以上考虑，主要应用管理学（主要涉及公共管理与农林经济管理）、经济学、社会学、政治学、统计学的学科知识加以研究和分析，并主要在以上学科范围内进行"交叉综合"和"科际整合"。二是研究类型交叉综合。失地农民生计所涉及的问题实际上是错综复杂的，这些错综复杂的问题可以从不同角度应用不同的方法进行研究，以求得新知。新知求解的过程由于角度、方法和涉及的问题不同，因此形成的研究类型也不同。由于单纯某一个角度、某一种方法、某一种类型很难解释失地农民的生计现象，研究中

① 潘懋元，陆根书，王洪才. 高等教育研究方法 [M]. 北京：高等教育出版社，2010：332.

涉及的问题既有定性的问题，又有定量的问题，既要回答"应该是什么"的问题，又要回答"实际上是什么"的问题。因此在研究类型的使用上，需要交叉、综合应用定性和定量、规范和实证的研究类型。

（2）多维创新。创新是研究的生命所在。本书的创新体现了多维性的特点。其创新之处主要体现在以下四个维度：一是学术思想新。本书立足"可持续生计"的最新理论并以此理论为支撑和引导，结合研究的需要，不断丰富和发展"可持续生计"的理论，提出新的"可持续生计"的分析框架，并在此框架的"指导"下开展本书的研究工作。二是研究内容新。本书在现有文献显示其理论假设具有一定的理论基础的前提下，在国内首次提出生计资本、生计政策和生计能力是失地农民的三大关键生计要素，并对这三大关键生计要素及其相关概念进行学术探讨和合理界定。另外，还着重研究这三大关键生计要素之间的关系模型及其对失地农民可持续生计的意义。三是研究方法新。在国内，大部分失地农民生计问题的研究采用的是定性和规范研究，即使有部分学者使用定量和实证研究的方法，其大多数也仅仅局限于描述性研究，鲜有学者进行解释性研究和探索性研究。本书在抽样调查的基础上，借助统计软件 SPSS22.0 和 AMOS22.0，主要对失地农民的生计问题进行解释性研究，同时也辅之以描述性研究，并在国内首次对失地农民的生计问题进行结构方程模型分析。四是研究方案新。本书无论是研究内容，还是研究方法、技术线路、研究思路、抽样方案，都经过充分酝酿、集思广益、反复论证，富有新意。总之，本书特色明显，创新点多，是青年教师独立地、创造性地开展科学研究工作的尝试之一，原创性强，潜力可挖，有望"顶天立地"。

综上分析，本书研究具有可行性。

第3章 信度检验

3.1 抽样方法

申报书原计划在全省 11 个地级市中选择 75 个县（或县级市或市辖区）中的 75 个典型的被征地单位（村或居委会或社区）进行抽样调查，已经尝试了在这 75 个县（或县级市或市辖区）进行了抽样调查，但实际上成功被抽样调查的样本县（或县级市或市辖区）的只有 44 个（覆盖了 11 个地级市），共获取问卷 1322 份，经筛查，有效问卷共计 1222 份。实际上，1222 份有效问卷再按原计划预定的 2：1 的比例进行等距离抽样后还剩 611 个样本（611 份有效问卷），加上样本的分布比较均匀，对本书的研究目标即建立关键生计要素间的结构方程模型不会有影响（从经验意义上讲，建立结构方程模型至少要 200 个样本，但也不是越多越好，600 ~1200 个样本比较适中）。基于失地农民问题的敏感性和研究成本的考虑。本书申请调整计划即从调查 75 个被征地单位调整为调查 44 个被征地单位，抽样方法不变，同时与原计划一样覆盖江西省的 11 个地级市。

3.2 样本分布

在被访问的失地农民中（每户只访问 1 人），担任"家长"的有 378 人，占 61.9%；不担任"家长"的有 233 人，占 38.1%；属于"完全失地"的失地农户共 319 户，占 52.2%，属于"部分失地"的失地农户共 292 户，占 47.8%；男性失地农民 370 人，占 60.6%，女性失地农民 241 人，占 39.4%。

另外调查地点的样本分布涵盖江西省 11 个地市，样本多少的选择主要根据该地级市所辖县、市、区的数量和失地农民数量，如赣州市作为江西最大的地级市，其抽取的样本最多，而南昌市虽然也不小，但由于有些区如东湖区、西湖区等所辖区城市化进程较早，其近几年可征用的农用地很少，故符合抽样条件的失地农民不多。新余市、鹰潭市和萍乡市因所辖县、市、区较少或符合本次抽样条件的失地农民不多，其选取的样本相对较少，如表 3－1 所示。

表 3－1　　　　　　等距离抽样后江西省 11 个地级市的样本分布情况

地级市	样本数（人）	占样本总数的百分比（%）
新余	30	4.9
抚州	75	12.3
赣州	119	19.5
吉安	46	7.5
景德镇	42	6.9
九江	74	12.1
南昌	30	4.9
萍乡	30	4.9
上饶	60	9.8
宜春	75	12.3
鹰潭	30	4.9
合计	611	100.0

注：赣州市是江西省最大的地级市，共辖 18 个县、市、区。

在失地农民文化程度的样本分布中，以小学和初中文化的失地农民居多，但文盲在失地农民中也占了 10%，高中及高中以上文化程度的样本占 22.7%，如表 3－2 所示。

在失地农民的年龄分布中，平均年龄约 43（42.5）岁。其中以 31～50 岁的中年失地农民居多，占 51.6%。考虑到在农村有部分成家较早且当家做主也较早的 20 岁以下的青年失地农民，本书在样本中大约抽取了 2.5% 的 16～20 岁的青年失地农民作为调查对象；同时 60 岁以上的失地农民中，确实存在部分身体较好并经常参加劳动、在家中具有较大话语权的半劳动力"家长"，本书也抽取了占样本总数约 11.6% 的老年失地农民作为调查对象。这样做是符合农村的实际情况的，如表 3－3 所示。

表 3 – 2   等距离抽样后失地农民文化程度的样本分布情况

文化程度	样本数（人）	占样本总数的百分比（%）	累积百分比（%）
文盲	61	10.0	10.0
小学	150	24.5	34.5
初中	261	42.7	77.3
高中或中专	118	19.3	96.6
大专	13	2.1	98.7
本科	7	1.1	99.8
研究生	1	0.2	100.0
合计	611	100.0	

表 3 – 3   等距离抽样后失地农民不同年龄段的样本分布情况

年龄	样本数（人）	占样本总数的百分比（%）	累积百分比（%）
16 ~ 20	15	2.5	2.5
21 ~ 30	124	20.2	22.7
31 ~ 40	152	24.9	47.6
41 ~ 50	163	26.7	74.3
51 ~ 60	86	14.1	88.4
60 岁以上	71	11.6	100.0
合计	611	100.0	

3.3   标记变量

本书使用的问卷共有 131 个变量，其中第 1 ~ 120 个变量为李克特七分量表，每个变量的名称最初按 1 ~ 120 的顺序分别标记为 Q1，Q2，Q3，…，Q120。其中生计资本、生计政策、生计能力为潜变量，每个潜变量在信度检验前包含 5 个观测变量，每 5 个观测变量在信度检验前又包含 8 个题项。为了数据处理和模型构建中阅读的方便而不至于混淆，本书在 SPSS16.0 中对第 1 - 120 个变量重新进行标记，重新标记前后的变量名称对照，如表 3 - 4 所示。

表 3 – 4　　　　　　重新标记前后的变量名称对照

潜变量	观测变量	对应题项	重新标记前变量名	重新标记后变量名	潜变量	观测变量	对应题项	重新标记前变量名	重新标记后变量名
生计资本	人力资本	1	Q1	人力资本1	生计政策	土地政策	41	Q41	土地政策1
		2	Q2	人力资本2			42	Q42	土地政策2
		3	Q3	人力资本3			43	Q43	土地政策3
		4	Q4	人力资本4			44	Q44	土地政策4
		5	Q5	人力资本5			45	Q45	土地政策5
		6	Q6	人力资本6			46	Q46	土地政策6
		7	Q7	人力资本7			47	Q47	土地政策7
		8	Q8	人力资本8			48	Q48	土地政策8
	社会资本	9	Q9	社会资本1		补偿政策	49	Q49	补偿政策1
		10	Q10	社会资本2			50	Q50	补偿政策2
		11	Q11	社会资本3			51	Q51	补偿政策3
		12	Q12	社会资本4			52	Q52	补偿政策4
		13	Q13	社会资本5			53	Q53	补偿政策5
		14	Q14	社会资本6			54	Q54	补偿政策6
		15	Q15	社会资本7			55	Q55	补偿政策7
		16	Q16	社会资本8			56	Q56	补偿政策8
	自然资本	17	Q17	自然资本1		就业政策	57	Q57	就业政策1
		18	Q18	自然资本2			58	Q58	就业政策2
		19	Q19	自然资本3			59	Q59	就业政策3
		20	Q20	自然资本4			60	Q60	就业政策4
		21	Q21	自然资本5			61	Q61	就业政策5
		22	Q22	自然资本6			62	Q62	就业政策6
		23	Q23	自然资本7			63	Q63	就业政策7
		24	Q24	自然资本8			64	Q64	就业政策8
	物质资本	25	Q25	物质资本1		创业政策	65	Q65	创业政策1
		26	Q26	物质资本2			66	Q66	创业政策2
		27	Q27	物质资本3			67	Q67	创业政策3
		28	Q28	物质资本4			68	Q68	创业政策4
		29	Q29	物质资本5			69	Q69	创业政策5
		30	Q30	物质资本6			70	Q70	创业政策6
		31	Q31	物质资本7			71	Q71	创业政策7
		32	Q32	物质资本8			72	Q72	创业政策8

潜变量	观测变量	对应题项	重新标记前变量名	重新标记后变量名	潜变量	观测变量	对应题项	重新标记前变量名	重新标记后变量名
生计资本	金融资本	33	Q33	金融资本1	生计政策	社保政策	73	Q73	社保政策1
		34	Q34	金融资本2			74	Q74	社保政策2
		35	Q35	金融资本3			75	Q75	社保政策3
		36	Q36	金融资本4			76	Q76	社保政策4
		37	Q37	金融资本5			77	Q77	社保政策5
		38	Q38	金融资本6			78	Q78	社保政策6
		39	Q39	金融资本7			79	Q79	社保政策7
		40	Q40	金融资本8			80	Q80	社保政策8
生计能力	可行能力	81	Q81	可行能力1	生计能力	创业能力	105	Q105	创业能力1
		82	Q82	可行能力2			106	Q106	创业能力2
		83	Q83	可行能力3			107	Q107	创业能力3
		84	Q84	可行能力4			108	Q108	创业能力4
		85	Q85	可行能力5			109	Q109	创业能力5
		86	Q86	可行能力6			110	Q110	创业能力6
		87	Q87	可行能力7			111	Q111	创业能力7
		88	Q88	可行能力8			112	Q112	创业能力8
	博弈能力	89	Q89	博弈能力1		参保能力	113	Q113	参保能力1
		90	Q90	博弈能力2			114	Q114	参保能力2
		91	Q91	博弈能力3			115	Q115	参保能力3
		92	Q92	博弈能力4			116	Q116	参保能力4
		93	Q93	博弈能力5			117	Q117	参保能力5
		94	Q94	博弈能力6			118	Q118	参保能力6
		95	Q95	博弈能力7			119	Q119	参保能力7
		96	Q96	博弈能力8			120	Q120	参保能力8
	就业能力	97	Q97	就业能力1					
		98	Q98	就业能力2					
		99	Q99	就业能力3					
		100	Q100	就业能力4					
		101	Q101	就业能力5					
		102	Q102	就业能力6					
		103	Q103	就业能力7					
		104	Q104	就业能力8					

3.4 信 度 检 验

为了保证构建结构方程模型的数据信度，本书采用"从观测变量等具体项目到潜变量再到整体问卷的信度检测"方法进行信度检验，确保每一个观测变量、潜变量即若干题项集结成的每一个因素以及整体问卷均具有较高的信度。其测试信度的标准为 Cronbach's α 系数（Alpha 值）：其公式如下：

$$a = \frac{k}{k-1}\left[1 - \frac{\sum_{i=1}^{k}\sigma_i^2}{\sum_{i=1}^{k}\sigma_i^2 + 2\sum_{i}^{k}\sum_{j}^{k}\sigma_{ij}}\right]$$

其中：k 为测量某一观念的题目数；σ_i 为题目 i 的变异数；σ_{ij} 为相关题目的共变数（Covariance）。

Cronbach's α 值≥0.70 时，属于高信度；0.35≤Cronbach's α 值＜0.70 时，属于尚可；Cronbach's α 值＜0.35 则为低信度。[①]

其操作方法为：在 SPSS 中，打开等距离抽样后的数据文件，按〔Analyze〕、〔Scale〕、〔Reliability〕，产生「Reliability Analysis」（信度分析）窗口后，将所要进行分析的变量选入「Items」（项目）方盒内并选用 Alpha 方法后点击确认。在「Reliability Analysis」窗口中，按右下角的〔Statistics〕 （统计量），在「Reliability Analysis：Statistics」（信度分析：统计量）窗口内的「Descriptives for」（描述统计量对象）下的选项中，选择「Scale if item deleted」（删除项目后之量尺摘要）。在项目总和统计量的报表中，在最后的一栏「项目删除时的 Cronbach's Alpha 值」中其解释是这样的：如果笔者删除了这个变量（项目），其余项目的 Cronbach's Alpha 值会变成多少。[②] 如果删除了这个变量（项目）后该值（Cronbach's Alpha 值）大于原来的值，则考虑删除这个项目。

3.4.1 观测变量信度检验

3.4.1.1 "生计资本"5 个观测变量的信度检验
（1）将 8 个题项（因子）集结成的一个因素即"人力资本"的信度检

[①] J. P. Gilford, Psychometric Methods, 2 nd ed. （New York, NY：McGraw-Hill, 1954）.
[②] 本方法参照荣泰生《SPSS 与研究方法》（五南图书出版公司）第 8 章。

验。按照上述操作方法，"人力资本"这个观测变量的信度检验结果如表3-5所示。

表3-5 人力资本的信度统计量

有效问卷份数	项目个数	Cronbach's Alpha 值
611	8	0.856

从表3-6可知，项目删除时的 Cronbach's Alpha 值均小于0.856，故不考虑剔除任何一个题项。同时0.856 > 0.7，说明以上8个题项（因子）集结成的因素即"人力资本"具有高信度。

表3-6 人力资本总和统计量

题项代码	问卷中题目描述	项目删除时的尺度平均数	项目删除时的尺度变异数	修正的项目总相关	项目删除时的 Cronbach's Alpha 值
Q1	您的身体健康状况如何？	24.99	32.416	0.526	0.849
Q2	您的体力状况如何？	25.21	32.570	0.553	0.844
Q3	您的文化程度（或知识水平）如何？	26.10	33.960	0.524	0.846
Q4	您的社会经验的丰富程度？	25.76	32.683	0.633	0.834
Q5	您的谋生技能的熟练程度？	25.82	31.753	0.663	0.830
Q6	您的谋生技能的市场需求？	26.13	32.005	0.666	0.830
Q7	您在本地或本单位的资历情况如何？	26.04	32.779	0.609	0.837
Q8	您认为您在社会中的地位？	26.06	33.621	0.639	0.835

（2）将8个题项（因子）集结成一个因素即"社会资本"的信度检验。按照上述操作方法，"社会资本"这个观测变量的信度检验结果如表3-7所示。

表 3 - 7　　　　　　　　　　　社会资本的信度统计量

有效问卷份数	项目个数	Cronbach's Alpha 值
611	8	0. 836

从表 3 - 8 可知，项目删除时的 Cronbach's Alpha 值均小于 0. 836，故不考虑剔除任何一个题项。同时 0. 836 > 0. 7，说明以上 8 个题项（因子）集结成的因素即"社会资本"具有高信度。

表 3 - 8　　　　　　　　　　　社会资本总和统计量

题项代码	问卷中题目描述	项目删除时的尺度平均数	项目删除时的尺度变异数	修正的项目总相关	项目删除时的Cronbach's Alpha 值
Q9	您结交的朋友数量?	21. 19	34. 319	0. 516	0. 823
Q10	您的亲戚数量?	20. 70	36. 032	0. 422	0. 834
Q11	在您或您的家庭出现生计困难时有能力并诚心帮您或您的家庭解困的朋友数量?	21. 57	32. 750	0. 585	0. 814
Q12	在您或您的家庭出现生计困难时有能力并诚心帮您或您的家庭解困的亲戚数量?	21. 53	33. 210	0. 553	0. 819
Q13	地方政府或村（居）委会或社区或您本人的所在单位为您提供社会保障?	22. 59	32. 980	0. 584	0. 814
Q14	地方政府或村（居）委会或社区或您本人的所在单位为您提供安置政策?	22. 65	33. 625	0. 624	0. 810
Q15	地方政府或村（居）委会或社区或您本人的所在单位为您提供就业服务?	22. 73	32. 985	0. 605	0. 812
Q16	地方政府或村（居）委会或社区或您本人的所在单位对您显露的关心程度?	22. 48	32. 657	0. 630	0. 808

（3）将 8 个题项（因子）集结成一个因素即"自然资本"的信度检验。按照上述操作方法，"自然资本"这个观测变量的信度检验结果如表 3 – 9 所示。

表 3 – 9　　　　　　　　　　自然资本的信度统计量

有效问卷份数	项目个数	Cronbach's Alpha 值
611	8	0.720

从表 3 – 10 可知，除 Q21 之外，项目删除时的 Cronbach's Alpha 值均小于 0.720，故考虑剔除 Q21 这个题项。同时 0.720 > 0.7，说明以上 7 个题项（因子）集结成的因素即"自然资本"具有高信度。

表 3 – 10　　　　　　　　　　自然资本总和统计量

题项代码	问卷中题目描述	项目删除时的尺度平均数	项目删除时的尺度变异数	修正的项目总相关	项目删除时的 Cronbach's Alpha 值
Q17	原有土地被征后，您家可以用于种植的土地的面积的变化情况（含耕地、山地、林地等）？	17.63	29.853	0.423	0.694
Q18	原有土地被征后，您家可用于养殖的土地面积的变化情况（如鱼塘，水库，养殖鸡、鸭、鹅、猪、牛及其他动物的场所）？	17.36	27.971	0.449	0.685
Q19	原有土地被征后，您家的宅基地面积变化情况？	16.55	27.533	0.396	0.696
Q20	被征的土地获得的征地补偿款？	16.88	27.500	0.514	0.673
Q21	您认为您家土地的增值空间？	15.59	29.538	0.169	0.756
Q22	土地被征后，被征土地附近生态环境的破坏程度？	16.23	26.047	0.491	0.674
Q23	土地被征后，当地的野生动物？	17.05	26.956	0.502	0.673
Q24	土地被征后，当地的经济作物？	17.42	27.959	0.468	0.682

（4）将 8 个题项（因子）集结成一个因素即"物质资本"的信度检验。

从表 3 - 11、表 3 - 12 可知，项目删除时的 Cronbach's Alpha 值均小于 0.889，故不考虑剔除任何一个题项。同时 0.889 > 0.7，说明以上 8 个题项（因子）集结成的因素即"物质资本"具有高信度。

表 3 -11　　　　　　　　　　**物质资本的信度统计量**

有效问卷份数	项目个数	Cronbach's Alpha 值
611	8	0.889

表 3 -12　　　　　　　　　　**物质资本总和统计量**

题项代码	问卷中题目描述	项目删除时的尺度平均数	项目删除时的尺度变异数	修正的项目总相关	项目删除时的Cronbach's Alpha 值
Q25	您家拥有的用于经营或出租的厂房面积？	10.99	28.087	0.672	0.874
Q26	您家拥有的用于谋生的小作坊面积？	11.00	28.169	0.734	0.869
Q27	您家拥有的用于出租或经营的店面面积？	11.01	28.236	0.727	0.870
Q28	您家拥有的用于出租的住房面积？	10.89	27.944	0.644	0.877
Q29	您家拥有的用于出租或载客的交通工具（如汽车、摩托车等）数量？	10.49	27.706	0.564	0.888
Q30	您家拥有的用于出租或办公的电子产品（如计算机、数码相机、数码摄像机、打印机、传真机等）数量？	10.75	27.740	0.638	0.878
Q31	您家拥有的用于出租或为赚钱家人自己操作的机械（如农业机械、农副加工机械、园林机械、畜牧机械、粮油机械等）数量？	10.97	27.725	0.711	0.871
Q32	您家拥有的用于出租或为赚钱家人自己操作的设备（如灌溉设备、渔业设备等）数量？	11.04	28.843	0.662	0.876

（5）将8个题项（因子）集结成一个因素即"金融资本"的信度检验。按照上述操作方法，"金融资本"这个观测变量的信度检验结果如表3-13所示。

表3-13　　　　　　　　　　　金融资本的信度统计量

有效问卷份数	项目个数	Cronbach's Alpha 值
611	8	0.778

从表3-14可知，除Q34之外，项目删除时的Cronbach's Alpha值均小于0.778，故考虑剔除Q34这个题项。同时0.778 > 0.7，说明以上7个题项（因子）集结成的因素即"金融资本"具有高信度。

表3-14　　　　　　　　　　　金融资本总和统计量

题项代码	问卷中题目描述	项目删除时的尺度平均数	项目删除时的尺度变异数	修正的项目总相关	项目删除时的Cronbach's Alpha 值
Q33	您家的存款？	13.10	23.988	0.499	0.751
Q34	您家向他人借的钱或向银行贷的款？	13.02	26.492	0.136	0.830
Q35	您家借给他人的钱？	13.53	22.925	0.604	0.733
Q36	您家购买的证券（如股票、基金、债券等）或保险金？	13.89	25.347	0.563	0.747
Q37	您家每年的工资性收入？	12.88	23.780	0.507	0.750
Q38	您家每年的经营性收入？	13.13	22.721	0.599	0.733
Q39	您家每年的财产性收入（如利息、股息、租金、红利等）？	13.62	23.855	0.627	0.734
Q40	您家每年的转移性收入（如离退休金、失业救济金、赔偿等；辞退金、保险索赔、住房公积金、家庭间的赠送和赡养等）？	13.67	24.707	0.552	0.748

3.4.1.2　"生计政策"5 个观测变量的信度检验

（1）将 8 个题项（因子）集结成一个因素即"土地政策"的信度检验。按照上述操作方法，"土地政策"这个观测变量的信度检验结果如表 3 - 15 所示。

表 3 - 15　　　　　　　　　　　　土地政策的信度统计量

有效问卷份数	项目个数	Cronbach's Alpha 值
611	8	0.913

从表 3 - 16 可知，除 Q41 之外，项目删除时的 Cronbach's Alpha 值均小于 0.913，故考虑剔除 Q41 这个题项。同时 0.913 > 0.7，说明以上 7 个题项（因子）集结成的因素即"土地政策"具有高信度。

表 3 - 16　　　　　　　　　　　　土地政策总和统计量

题项代码	问卷中题目描述	项目删除时的尺度平均数	项目删除时的尺度变异数	修正的项目总相关	项目删除时的 Cronbach's Alpha 值
Q41	农村和城市郊区中除由法律规定属于国家所有的以外的土地及宅基地、自留地、自留山均属农民集体所有而不是您或您家人所有，您对我国这一土地所有权制度的满意程度？	15.54	48.174	0.263	0.942
Q42	您对我国耕地保护政策（如土地管制制度、耕地总量动态平衡制度、耕地占补平衡制度、耕地保护目标责任制、基本农田保护制度、农用地转用审批制度、土地开发整理复垦制度、土地税费制度、耕地保护法律责任制度）的了解程度？	16.19	42.576	0.718	0.902

续表

题项代码	问卷中题目描述	项目删除时的尺度平均数	项目删除时的尺度变异数	修正的项目总相关	项目删除时的Cronbach's Alpha 值
Q43	您对当前国土资源的信访政策的了解程度？	16.27	41.344	0.793	0.895
Q44	您对我国土地规划政策的了解程度？	16.22	40.738	0.831	0.892
Q45	您对我国土地征收或征用政策的了解程度？	16.21	40.670	0.812	0.893
Q46	您对我国土地流转政策的了解程度？	16.34	41.429	0.838	0.892
Q47	您对我国土地交易（土地出租、土地作价入股、土地联营、土地出售等）政策的了解程度？	16.41	41.783	0.824	0.893
Q48	您对我国土地供应（土地出让、土地划拨等）政策的了解程度？	16.34	41.980	0.748	0.899

（2）将 8 个题项（因子）集结成一个因素即"补偿政策"的信度检验。按照上述操作方法，"补偿政策"这个观测变量的信度检验结果如表 3 – 17 所示。

表 3 – 17　　　　　　　　　补偿政策的信度统计量

有效问卷份数	项目个数	Cronbach's Alpha 值
611	8	0.934

从表 3 – 18 可知，除 Q55 之外，项目删除时的 Cronbach's Alpha 值均小于 0.934，故考虑剔除 Q55 这个题项。同时 0.934 > 0.7，说明以上 7 个题项（因子）集结成的因素即"补偿政策"具有高信度。

表 3 - 18　　　　　　　　　　　　　　补偿政策总和统计量

题项代码	问卷中题目描述	项目删除时的尺度平均数	项目删除时的尺度变异数	修正的项目总相关	项目删除时的Cronbach's Alpha 值
Q49	您认为政府征地时在程序上（如是否依照法定程序发布征地补偿和安置方案公告、听取意见等）是否公平？	16.63	44.764	0.748	0.926
Q50	您认为当地征地的土地补偿费（对在土地上的投入和收益造成损失的补偿）的补偿标准？	16.78	44.617	0.812	0.922
Q51	您认为当地征地的安置补助费（为了解决以土地为主要生产资料并取得生活来源的农业人口因失去土地造成生活困难所给予的补助费用）的补偿标准？	16.73	44.015	0.846	0.919
Q52	您认为当地征地的青苗补偿费（对被征收土地上已生长的农作物造成损失所给予的一次性经济补偿的费用）的补偿标准？	16.60	44.553	0.793	0.923
Q53	您认为当地征地的地上附着物补偿费（对被征收土地上的建筑物、构筑物，如房屋、水井、道路、管线、水渠等的拆迁和恢复费用）的补偿标准？	16.65	44.379	0.799	0.922
Q54	您认为当地征收农民的宅基地的补偿标准？	16.63	44.736	0.764	0.925
Q55	您认为我国的征地补偿政策？	16.39	46.176	0.631	0.935
Q56	您认为当前的征地补偿安置方式？	16.54	45.213	0.762	0.925

（3）将8个题项（因子）集结成一个因素即"就业政策"的信度检验。按照上述操作方法，"就业政策"这个观测变量的信度检验结果如表 3 – 19 所示。

表 3 – 19　　　　　　　　　　就业政策的信度统计量

有效问卷份数	项目个数	Cronbach's Alpha 值
611	8	0.893

从表 3 – 20 可知，除 Q61 之外，项目删除时的 Cronbach's Alpha 值均小于 0.893，故考虑剔除 Q61 这个题项。同时 0.893 > 0.7，说明以上 7 个题项（因子）集结成的因素即"就业政策"具有高信度。

表 3 – 20　　　　　　　　　　就业政策总和统计量

题项代码	问卷中题目描述	项目删除时的尺度平均数	项目删除时的尺度变异数	修正的项目总相关	项目删除时的 Cronbach's Alpha 值
Q57	土地被征后，您认为政府针对失地农民举办的就业培训的次数？	15.37	37.889	0.672	0.879
Q58	土地被征后，您认为政府为维护失地农民劳动与就业的权利所制定的政策或采取的举措？	15.07	36.298	0.742	0.872
Q59	土地被征后，您认为政府为失地农民提供的就业信息？	15.18	36.285	0.744	0.872
Q60	土地被征后，您认为政府为失地农民直接或间接（如引荐、介绍、劳务输出等）提供的就业岗位？	15.26	36.526	0.770	0.871
Q61	土地被征后，您对政府鼓励或引导失地农民自谋职业这一做法的态度？	13.99	36.978	0.435	0.912

题项代码	问卷中题目描述	项目删除时的尺度平均数	项目删除时的尺度变异数	修正的项目总相关	项目删除时的Cronbach's Alpha 值
Q62	土地被征后，您对政府制定的针对失地农民的就业政策的了解程度？	14.90	38.459	0.588	0.887
Q63	土地被征后，政府鼓励和支持失地农民就业的渠道？	15.07	35.477	0.792	0.867
Q64	土地被征后，您对政府制定的针对失地农民的就业支持与服务的政策体系的总体评价？	14.77	35.992	0.757	0.871

（4）将 8 个题项（因子）集结成一个因素即"创业政策"的信度检验。按照上述操作方法，"创业政策"这个观测变量的信度检验结果如表 3 - 21 所示。

表 3 - 21　　　　　　　　创业政策的信度统计量

有效问卷份数	项目个数	Cronbach's Alpha 值
611	8	0.925

从表 3 - 22 可知，项目删除时的 Cronbach's Alpha 值均小于 0.925，故不考虑剔除任何题项。同时 0.925 > 0.7，说明以上 8 个题项（因子）集结成的因素即"创业政策"具有高信度。

表 3 - 22　　　　　　　　创业政策总和统计量

题项代码	问卷中题目描述	项目删除时的尺度平均数	项目删除时的尺度变异数	修正的项目总相关	项目删除时的Cronbach's Alpha 值
Q65	据您了解，当地政府为失地农民举办的创业培训的次数？	14.43	41.983	0.756	0.915
Q66	据您了解，当地政府为创业的失地农民减免的税费？	13.99	40.349	0.683	0.921

题项代码	问卷中题目描述	项目删除时的尺度平均数	项目删除时的尺度变异数	修正的项目总相关	项目删除时的Cronbach's Alpha 值
Q67	据您了解，当地政府为创业的失地农民小额贷款的贴息？	14.13	40.811	0.737	0.916
Q68	据您了解，当地政府为创业的失地农民的补贴或奖励？	14.25	40.835	0.788	0.912
Q69	据您了解，当地政府为创业的失地农民提供的跟踪指导？	14.33	40.539	0.816	0.910
Q70	土地被征后，当地政府为失地农民提供的创业信息？	14.29	40.398	0.824	0.909
Q71	土地被征后，当地政府为失地农民提供的创业环境？	13.73	39.125	0.728	0.918
Q72	您对当地政府为失地农民制定并提供的创业政策的总体评价是？	13.83	42.186	0.675	0.920

（5）将 8 个题项（因子）集结成一个因素即"社保政策"的信度检验。按照上述操作方法，"社保政策"这个观测变量的信度检验结果如表 3 - 23 所示。

表 3 - 23 　　　　　　　　社保政策的信度统计量

有效问卷份数	项目个数	Cronbach's Alpha 值
611	8	0.900

从表 3 - 24 可知，除 Q75 之外，项目删除时的 Cronbach's Alpha 值均小于 0.900，故考虑剔除 Q75 这个题项。同时 0.900 > 0.7，说明以上 7 个题项（因子）集结成的因素即"社保政策"具有高信度。

表 3 - 24　　　　　　　　　　　社保政策总和统计量

题项代码	问卷中题目描述	项目删除时的尺度平均数	项目删除时的尺度变异数	修正的项目总相关	项目删除时的 Cronbach's Alpha 值
Q73	土地被征后，政府为失地农民提供的养老保险？	17. 75	44. 562	0. 610	0. 895
Q74	土地被征后，政府为失地农民提供的失业保险？	18. 40	44. 647	0. 727	0. 884
Q75	土地被征后，政府为失地农民提供的医疗保险？	17. 06	46. 411	0. 458	0. 911
Q76	土地被征后，政府为失地农民提供的工伤保险？	18. 31	44. 268	0. 732	0. 884
Q77	土地被征后，政府为失地农民提供的生育保险？	18. 06	43. 993	0. 711	0. 885
Q78	土地被征后，政府为失地农民提供的社会福利？	18. 22	43. 476	0. 776	0. 880
Q79	土地被征后，政府为生活十分困难的失地农民提供的社会救济？	18. 01	42. 857	0. 755	0. 881
Q80	土地被征后，您对政府为失地农民提供的社会保障的总体评价？	18. 06	43. 597	0. 782	0. 879

3. 4. 1. 3 "生计能力" 5 个观测变量的信度检验

（1）将 8 个题项（因子）集结成一个因素即"可行能力"的信度检验。按照上述操作方法，"可行能力"这个观测变量的信度检验结果如表 3 - 25 所示。

表 3 – 25   **可行能力的信度统计量**

有效问卷份数	项目个数	Cronbach's Alpha 值
611	8	0.878

从表 3 – 26 可知，项目删除时的 Cronbach's Alpha 值均小于 0.878，故不考虑剔除任何题项。同时 0.878 > 0.7，说明以上 8 个题项（因子）集结成的因素即"可行能力"具有高信度。

表 3 – 26   **可行能力总和统计量**

题项代码	问卷中题目描述	项目删除时的尺度平均数	项目删除时的尺度变异数	修正的项目总相关	项目删除时的 Cronbach's Alpha 值
Q81	土地被征后，您在吃、穿、住、行方面可选择的空间？	19.32	36.175	0.700	0.857
Q82	土地被征后，您在读书、学习、培训方面可选择的空间？	19.44	35.244	0.715	0.854
Q83	土地被征后，您在休闲、娱乐、旅行方面可选择的空间？	19.62	34.653	0.689	0.857
Q84	土地被征后，您政治参与（如投票选举）方面可选择的空间？	19.46	36.524	0.570	0.871
Q85	您在利益表达与权利伸张方面可选择的渠道？	19.84	37.590	0.579	0.869
Q86	土地被征后，您在经济上的可行能力（个人在经济上可选择的空间大小）？	19.36	35.981	0.675	0.859
Q87	土地被征后，您在政治上的可行能力（个人在政治上可选择的空间大小）？	18.99	37.549	0.592	0.867
Q88	土地被征后，您在文化上的可行能力（个人在文化生活上可选择的空间大小）？	18.82	37.475	0.601	0.866

（2）将 8 个题项（因子）集结成一个因素即"博弈能力"的信度检验。按照上述操作方法，"博弈能力"这个观测变量的信度检验结果如表 3 - 27 所示。

表 3 - 27　　　　　　　　　　博弈能力的信度统计量

有效问卷份数	项目个数	Cronbach's Alpha 值
611	8	0.954

从表 3 - 28 可知，除 Q96 之外，项目删除时的 Cronbach's Alpha 值均小于 0.954，故考虑剔除 Q96 这个题项。同时 0.954 > 0.7，说明以上 7 个题项（因子）集结成的因素即"博弈能力"具有高信度。

表 3 - 28　　　　　　　　　　博弈能力总和统计量

题项代码	问卷中题目描述	项目删除时的尺度平均数	项目删除时的尺度变异数	修正的项目总相关	项目删除时的 Cronbach's Alpha 值
Q89	征地过程中，您认为您凭自身或家人的智慧与地方政府或用地单位讨价还价并实现自身利益最大化的能力如何？	17.38	61.778	0.859	0.946
Q90	征地过程中，您认为您凭自身或家人的经验与地方政府或用地单位讨价还价并实现自身利益最大化的能力如何？	17.40	61.454	0.882	0.944
Q91	征地过程中，您认为您凭自己或家人所掌握的知识（如法律知识）与地方政府或用地单位讨价还价并实现自身利益最大化的能力如何？	17.39	61.661	0.859	0.946
Q92	征地过程中，您认为您凭自己或家人现有的人脉资源与地方政府或用地单位讨价还价并实现自身利益最大化的能力如何？	17.39	61.475	0.886	0.944

续表

题项代码	问卷中题目描述	项目删除时的尺度平均数	项目删除时的尺度变异数	修正的项目总相关	项目删除时的Cronbach's Alpha 值
Q93	征地过程中，您认为您凭自己或家人现有的信息资源与地方政府或用地单位讨价还价并实现自身利益最大化的能力如何？	17.40	62.004	0.858	0.946
Q94	征地过程中，您认为您凭自己或家人现有的社会地位或社会影响与地方政府或用地单位讨价还价并实现自身利益最大化的能力如何？	17.45	61.907	0.867	0.945
Q95	征地过程中，您认为您凭自己或家人利用相关政策（如国家和地方制定的维护失地农民权益的政策）与地方政府或用地单位讨价还价并实现自身利益最大化的能力如何？	17.42	63.300	0.808	0.949
Q96	征地过程中，您认为失地农民之间"结盟"与地方政府或用地单位讨价还价对提高征地补偿的作用？	17.63	67.194	0.605	0.961

（3）将 8 个题项（因子）集结成一个因素即"就业能力"的信度检验。按照上述操作方法，"就业能力"这个观测变量的信度检验结果如表 3 - 29 所示。

表 3 - 29 就业能力的信度统计量

有效问卷份数	项目个数	Cronbach's Alpha 值
611	8	0.876

从表 3 - 30 可知，项目删除时的 Cronbach's Alpha 值均小于 0.876，故不考虑剔除任何题项。同时 0.876 > 0.7，说明以上 8 个题项（因子）集结成的因素即"就业能力"具有高信度。

表 3 - 30　　　　　　　　　就业能力总和统计量

题项代码	问卷中题目描述	项目删除时的尺度平均数	项目删除时的尺度变异数	修正的项目总相关	项目删除时的 Cronbach's Alpha 值
Q97	土地被征后，您的就业意识如何？	24.32	38.233	0.638	0.861
Q98	土地被征后，您的就业观念如何？	24.32	40.062	0.657	0.858
Q99	土地被征后，您的就业态度如何？	23.97	39.383	0.623	0.862
Q100	您认为您在工作中或与人共事中的人际协调能力如何？	24.01	40.057	0.740	0.851
Q101	您认为您的自我管理能力如何？	23.94	41.659	0.636	0.861
Q102	您认为您目前所掌握的技能在就业中的竞争力程度？	24.46	39.694	0.684	0.855
Q103	您认为您目前或将来所从事的工作的稳定程度？	25.05	41.045	0.614	0.863
Q104	您目前的劳动工资？	25.16	42.423	0.521	0.872

（4）将 8 个题项（因子）集结成一个因素即"创业能力"的信度检验。按照上述操作方法，"创业能力"这个观测变量的信度检验结果如表 3 - 31 所示。

表 3 - 31　　　　　　　　　创业能力的信度统计量

有效问卷份数	项目个数	Cronbach's Alpha 值
611	8	0.886

从表 3 - 32 可知，项目删除时的 Cronbach's Alpha 值均小于 0.886，故不考虑剔除任何题项。同时 0.886 > 0.7，说明以上 8 个题项（因子）集结成的因素即"创业能力"具有高信度。

表 3 - 32 创业能力总和统计量

题项代码	问卷中题目描述	项目删除时的尺度平均数	项目删除时的尺度变异数	修正的项目总相关	项目删除时的 Cronbach's Alpha 值
Q105	如果您已经创业或想要创业，您已经或将来能找到的创业人力（帮手和下手）的数量情况？	19.28	45.722	0.636	0.874
Q106	如果您已经创业或想要创业，创业资金的筹集方面的难度如何？	19.09	45.454	0.663	0.872
Q107	如果您已经创业或想要创业，您已经或将来能筹集到的创业资金的数额情况？	19.34	45.948	0.705	0.869
Q108	您已经掌握了多少与创业相关的知识？	19.24	45.896	0.640	0.874
Q109	您对创业的热情如何？	18.03	43.322	0.638	0.875
Q110	您认为您是否适合创业？	18.45	43.107	0.716	0.866
Q111	如果您已经创业或想要创业，您认为您的下属追随您的意愿如何？	18.31	44.195	0.687	0.869
Q112	目前，您平均每月因创业而获得的经营性收入的多少情况是？	19.34	46.478	0.590	0.879

（5）将 8 个题项（因子）集结成一个因素即"参保能力"的信度检验。按照上述操作方法，"参保能力"这个观测变量的信度检验结果如表 3 - 33 所示。

表 3 - 33 参保能力的信度统计量

有效问卷份数	项目个数	Cronbach's Alpha 值
611	8	0.867

从表 3 - 34 可知，除 Q120 之外，项目删除时的 Cronbach's Alpha 值均小于 0.867，故考虑剔除 Q120 这个题项。同时 0.867 > 0.7，说明以上 7 个题项（因子）集结成的因素即"参保能力"具有高信度。

表 3 - 34　　　　　　　　参保能力总和统计量

题项代码	问卷中题目描述	项目删除时的尺度平均数	项目删除时的尺度变异数	修正的项目总相关	项目删除时的 Cronbach's Alpha 值
Q113	如果政府或村委会（或居委会或社区）组织您参加养老保险，您的意愿情况是？	26.77	48.248	0.714	0.840
Q114	如果政府或村委会（或居委会或社区）组织您参加失业保险，您的意愿情况是？	27.03	46.881	0.764	0.834
Q115	如果政府或村委会（或居委会或社区）组织您参加医疗保险，您的意愿情况是？	26.49	48.463	0.706	0.841
Q116	如果政府或村委会（或居委会或社区）组织您参加工伤保险，您的意愿情况是？	26.92	46.590	0.761	0.834
Q117	如果政府或村委会（或居委会或社区）组织您或您的家人参加生育保险，您或您的家人意愿情况是？	27.03	47.907	0.743	0.837
Q118	参加社会保险您个人也需要缴纳一定的费用，您认为这一做法的合理程度如何？	27.39	51.054	0.659	0.847
Q119	您认为您参加社会保险的经济承受能力如何？	28.10	55.062	0.473	0.866
Q120	您已经领取的社保基金的多少情况是？	29.37	62.391	0.088	0.896

3.4.1.4　观测变量的信度检验小结

根据上述观测变量信度检验的结果，可以判断以上 15 个观测变量在问卷中均具有高信度（Cronbach's Alpha 值均大于 0.7），但根据"如果删除了某个变量（项目）后该值（Cronbach's Alpha 值）大于原来的值，则考虑删除这个项目"的原则，确定 Q21，Q34，Q41，Q55，Q61，Q75，Q96，Q120 这 8 个题项作为一个降低某个观测变量信度的因子，在结构方程模型的构建中需要将其剔除出去。

3.4.2 潜变量信度检验

3.4.2.1 "生计资本"信度检验

因 Q21、Q34 属于"生计资本"的因子，但因在有关观测变量的信度检测中，其确定作为剔除的对象，故"生计资本"信度检验的项目个数（因子数量）只有 40 - 2 = 38 个。按照上述操作方法，"生计资本"这个潜变量的信度检验结果如表 3 - 35 所示。

表 3 - 35 　　　　　　　　　生计资本的信度统计量

有效问卷份数	项目个数	Cronbach's Alpha 值
611	38	0.927804

从表 3 - 36 可知，除 Q18，Q19，Q23 之外，项目删除时的 Cronbach's Alpha 值均小于 0.927804，故考虑剔除 Q18，Q19，Q23 这 3 个题项。同时 0.927804 > 0.7，说明以上 35 个题项（因子）集结成的因素即"生计资本"具有高信度。

表 3 - 36 　　　　　　　　　生计资本总和统计量

题项代码	问卷中题目描述	项目删除时的尺度平均数	项目删除时的尺度变异数	修正的项目总相关	项目删除时的 Cronbach's Alpha 值
Q18	原有土地被征后，您家可用于养殖的土地面积的变化情况（如鱼塘，水库，养殖鸡、鸭、鹅、猪、牛及其他动物的场所）？	93.67	480.907	0.291	0.928088
Q19	原有土地被征后，您家的宅基地面积变化情况？	92.86	481.540	0.237	0.929150
Q23	土地被征后，当地的野生动物？	93.36	480.038	0.290	0.928224

题项代码	问卷中题目描述	项目删除时的尺度平均数	项目删除时的尺度变异数	修正的项目总相关	项目删除时的Cronbach's Alpha 值
Q1 – Q17, Q20, Q22, Q24 – Q33, Q35 – Q40	—	—	—	—	<0. 927804

3. 4. 2. 2 "生计政策"信度检验

因 Q41，Q55，Q61，Q75 属于"生计政策"的因子，但因在有关观测变量的信度检测中，其确定作为剔除的对象，故"生计政策"信度检验的项目个数（因子数量）只有 40 – 4 = 36 个。按照上述操作方法，"生计政策"这个潜变量的信度检验结果如表 3 – 37 所示。

表 3 – 37　　　　　　　　　　生计政策的信度统计量

有效问卷份数	项目个数	Cronbach's Alpha 值
611	36	0. 966409

从表 3 – 38 可知，除 Q73 之外，项目删除时的 Cronbach's Alpha 值均小于 0. 966409，故考虑剔除 Q73 这 1 个题项。同时 0. 966409 > 0. 7，说明以上 36 个题项（因子）集结成的因素即"生计政策"具有高信度。

表 3 – 38　　　　　　　　　　生计政策总和统计量

题项代码	问卷中题目描述	项目删除时的尺度平均数	项目删除时的尺度变异数	修正的项目总相关	项目删除时的Cronbach's Alpha 值
Q73	土地被征后，政府为失地农民提供的养老保险？	76. 30	738. 206	0. 472	0. 966613
Q42 – Q54, Q62 – 72, Q74, Q76 – Q80	—	—	—	—	<0. 966409

3.4.2.3 "生计能力"信度检验

因 Q96，Q120 属于"生计能力"的因子，但因在有关观测变量的信度检测中，其确定作为剔除的对象，故"生计能力"信度检验的项目个数（因子数量）只有 40 - 2 = 38 个。按照上述操作方法，"生计能力"这个潜变量的信度检验结果如表 3 - 39 所示。

表 3 - 39   生计能力的信度统计量

有效问卷份数	项目个数	Cronbach's Alpha 值
611	38	0.944328

从表 3 - 40 可知，除 Q113，Q114，Q115 之外，项目删除时的 Cronbach's Alpha 值均小于 0.944328，故考虑剔除 Q113，Q114，Q115 这 3 个题项。同时 0.944328 > 0.7，说明以上 38 个题项（因子）集结成的因素即"生计能力"具有高信度。

表 3 - 40   生计能力总和统计量

题项代码	问卷中题目描述	项目删除时的尺度平均数	项目删除时的尺度变异数	修正的项目总相关	项目删除时的 Cronbach's Alpha 值
Q113	如果政府或村委会（或居委会或社区）组织您参加养老保险，您的意愿情况是？	114.07	744.155	0.328	0.944857
Q114	如果政府或村委会（或居委会或社区）组织您参加失业保险，您的意愿情况是？	114.32	738.130	0.392	0.944356
Q115	如果政府或村委会（或居委会或社区）组织您参加医疗保险，您的意愿情况是？	113.78	744.048	0.331	0.944817
Q81 - Q95，Q97 - Q112，Q116 - Q119	—	—	—	—	<0.944328

3.4.2.4　潜变量信度检验小结

根据上述观测变量信度检验的结果，可以判断以上 3 个潜变量在问卷中均具有高信度（Cronbach's Alpha 值均大于 0.7），但根据"如果删除了某个变量（项目）后该值（Cronbach's Alpha 值）大于原来的值，则考虑删除这个项目"的原则，确定 Q18，Q19，Q23，Q73，Q113，Q114，Q115 这 7 个题项作为一个降低某个潜变量信度的因子，在结构方程模型的构建中需要将其剔除出去。

3.4.3　整体问卷（所有变量）信度检验

根据上述所有观测变量和所有潜变量信度检验的结果，可以判断每一个观测变量和每一个潜变量在问卷中均具有高信度（Cronbach's Alpha 值均大于 0.7），但根据"如果删除了某个变量（项目）后该值（Cronbach's Alpha 值）大于原来的值，则考虑删除这个项目"的原则，最终确定在整体问卷（所有变量）信度检验时需要删除 Q18，Q19，Q21，Q23，Q34，Q41，Q55，Q61，Q73，Q75，Q96，Q113，Q114，Q115，Q120 这 15 个题项（因子）。故"整体问卷（所有变量）"信度检验的项目个数（因子数量）只有 120 − 15 = 105 个。按照上述操作方法，"整体问卷（所有变量）"的信度检验结果如表 3 − 41 所示。

表 3 − 41　　　　　　　　整体问卷（所有变量）的信度统计量

有效问卷份数	项目个数	Cronbach's Alpha 值
611	105	0.976961

从表 3 − 42 可知，除 Q1，Q2，Q10，Q99，Q109，Q116，Q117，Q118 之外，项目删除时的 Cronbach's Alpha 值均小于 0.976961，故考虑剔除 Q1，Q2，Q10，Q99，Q109，Q116，Q117，Q118 这 8 个题项。同时 0.976961 > 0.7，说明以上 97 个题项（因子）构成的整份问卷具有高信度。

表 3 - 42　　　　　　　　　**整体问卷（所有变量）总和统计量**

题项代码	问卷中题目描述	项目删除时的尺度平均数	项目删除时的尺度变异数	修正的项目总相关	项目删除时的 Cronbach's Alpha 值
Q1	您的身体健康状况如何？	265.62	4390.577	0.309	0.977031
Q2	您的体力状况如何？	265.84	4388.947	0.336	0.976981
Q10	您的亲戚数量？	265.70	4397.7577	0.317	0.976977
Q99	土地被征后，您的就业态度如何？	266.15	4386.901	0.318	0.977034
Q109	您对创业的热情如何？	266.52	4367.171	0.391	0.976967
Q116	如果政府或村委会（或居委会或社区）组织您参加工伤保险，您的意愿情况是？	265.69	4402.310	0.198	0.977284
Q117	如果政府或村委会（或居委会或社区）组织您或您的家人参加生育保险，您或您的家人意愿情况是？	265.80	4397.926	0.233	0.977192
Q118	参加社会保险您个人也需要缴纳一定的费用，您认为这一做法的合理程度如何？	266.16	4385.261	0.336	0.976999
Q3 - Q9，Q11 - Q17，Q20，Q22，Q24 - Q33，Q35 - Q40，Q42 - Q54，Q56 - Q60，Q62 - Q72，Q74，Q76 - Q95，Q97 - Q98，Q100 - Q108，Q110 - Q112，Q119	—	—	—	—	<0.976961

3.4.4 从观测变量到整份问卷（所有变量）信度检验总结

3.4.4.1 从观测变量到整份问卷（所有变量）信度检验（第一轮）小结

从第一轮观测变量到整份问卷（所有变量）信度检验中发现，Cronbach's Alpha 值均在 0.7 以上，多数在 0.8 以上，各类变量信度检验后可判断为高信度。根据"如果删除了某个变量（项目）后该值（Cronbach's Alpha 值）大于原来的值，则考虑删除这个项目"的原则，最终确定从观测变量到整份问卷（所有变量）信度检验（第一轮）后需要删除以下 23 个题项：Q1 – Q2，Q10，Q18 – Q19，Q21，Q23，Q34，Q41，Q55，Q61，Q73，Q75，Q96，Q99，Q109，Q113 – Q118，Q120，如表 3 – 43 所示。

表 3 – 43　　从观测变量到整份问卷（所有变量）信度检验（第一轮）汇总

变量类型	变量名称	Cronbach's Alpha 值	信度判断结论	需剔除的题项
观测变量	人力资本	0.856	高信度	—
	社会资本	0.836	高信度	—
	自然资本	0.720	高信度	Q21
	物质资本	0.889	高信度	—
	金融资本	0.778	高信度	Q34
	土地政策	0.913	高信度	Q41
	补偿政策	0.934	高信度	Q55
	就业政策	0.893	高信度	Q61
	创业政策	0.925	高信度	—
	社保政策	0.900	高信度	Q75
	可行能力	0.878	高信度	—
	博弈能力	0.954	高信度	Q96
	就业能力	0.876	高信度	—
	创业能力	0.886	高信度	—
	参保能力	0.867	高信度	Q120
潜变量	生计资本	0.927804	高信度	Q18 – Q19，Q23
	生计政策	0.966409	高信度	Q73
	生计能力	0.944328	高信度	Q113 – Q115
所有变量	整份问卷	0.976961	高信度	Q1 – Q2，Q10，Q99，Q109，Q116 – Q118

3.4.4.2 从观测变量到整份问卷（所有变量）信度检验（第二轮）小结

根据第一轮分析的结果，需要按照"观测变量→潜变量→整份问卷（所有变量）"的顺序进行第二轮信度分析，以观测在删除某些题项后对某一变量或整份问卷信度的影响情况，并视情况继续删除某些影响某一变量或整份问卷信度的题项，如表3－44所示。

表3－44　　从观测变量到整份问卷（所有变量）信度检验（第二轮）汇总

变量类型	变量名称	Cronbach's Alpha 值	信度判断结论	列入检验的题项	降低变量信度的题项
观测变量	人力资本	0.856	高信度	Q3－Q8（已剔除 Q1，Q2）	Q3
	社会资本	0.834	高信度	Q9，Q11－Q16（已剔除 Q10）	—
	自然资本	0.676	信度尚可	Q17，Q20，Q22，Q24（已剔除 Q18，Q19，Q21，Q23）	—
	物质资本	**0.889**	**高信度**	**Q25－Q32**	—
	金融资本	0.830	高信度	Q33，Q35－Q40（已剔除 Q34）	—
	土地政策	0.942	高信度	Q42－Q48（已剔除 Q41）	Q42
	补偿政策	0.935	高信度	Q49－Q54，Q56（已剔除 Q55）	—
	就业政策	0.912	高信度	Q57－Q60，Q62－Q64（已剔除 Q61）	Q62
	创业政策	**0.886**	**高信度**	**Q65－Q72**	—
	社保政策	0.916	高信度	Q74，Q76－Q80（已剔除 Q73，Q75）	—
	可行能力	**0.878**	**高信度**	**Q81－Q88**	—
	博弈能力	0.961	高信度	Q89－Q95（已剔除 Q96）	—
	就业能力	0.862	高信度	Q97－Q98，Q100－Q104（已剔除 Q99）	—
	创业能力	0.875	高信度	Q105－Q108，Q110－Q112（已剔除 Q109）	—
	参保能力	—	高信度	Q119（已剔除 Q113－Q118，Q120）	—

变量类型	变量名称	Cronbach's Alpha 值	信度判断结论	列入检验的题项	降低变量信度的题项
潜变量	生计资本	0.929	高信度	Q4 – Q9，Q11 – Q17，Q20，Q22，Q24 – Q33，Q35 – Q40（已剔除 Q1 – Q3，Q10，Q18 – Q19，Q21，Q23，Q34）	—
	生计政策	0.966	高信度	Q43 – Q54，Q56 – Q60，Q63 – Q72，Q74，Q76 – Q80（已剔除 Q41 – Q42，Q55，Q61 – Q62，Q73，Q75）	Q44，Q45
	生计能力	0.948	高信度	Q81 – Q95，Q97 – Q98，Q100 – Q108，Q110 – Q112，Q119（已剔除 Q96，Q99，Q109，Q113 – Q118，Q120）	Q87
所有变量	整份问卷	0.977220	高信度	Q1 – Q120（剔除 Q1 – Q3，Q10，Q18 – Q19，Q21，Q23，Q34，Q41 – Q42，Q44 – Q45，Q55，Q61 – Q62，Q73，Q75，Q87，Q96，Q99，Q109，Q113 – Q118，Q120）	Q9，Q12，Q97

注：深色字体表示和第一轮信度检验的结果保持一致。

从第二轮观测变量到整份问卷（所有变量）信度检验中发现，除"自然资本"信度检验结果显示 Cronbach's Alpha 值在 0.5 ~ 0.7 外，其他变量信度检验结果显示 Cronbach's Alpha 值均在 0.7 以上，且均在 0.8 以上，各类变量信度检验后可判断"自然资本"为信度尚可，其他变量均为高信度。根据"如果删除了某个变量（项目）后该值（Cronbach's Alpha 值）大于原来的值，则考虑删除这个项目"的原则，最终确定从观测变量到整份问卷（所有变量）信度检验（第二轮）后需要删除以下 32 个题项：Q1 – Q3，Q9 – 10，Q12，Q18 – Q19，Q21，Q23，Q34，Q41 – Q42，Q44 – Q45，Q55，Q61 – Q62，Q73，Q75，Q87，Q96 – Q97，Q99，Q109，Q113 – Q118，Q120。

3.4.4.3 从观测变量到整份问卷（所有变量）信度检验（第三轮）小结

根据第二轮分析的结果，需要按照"观测变量→潜变量→整份问卷（所有变量)"的顺序进行第三轮信度分析,以观测在删除某些题项后对某一变量或整份问卷信度的影响情况,并视情况继续删除某些影响某一变量或整份问卷信度的题项,如表 3 - 45 所示。

表 3 - 45   从观测变量到整份问卷(所有变量)信度检验(第三轮)汇总

变量类型	变量名称	Cronbach's Alpha 值	信度判断结论	列入检验的题项	降低变量信度的题项
观测变量	人力资本	0.857	高信度	Q4 - Q8(已剔除 Q1,Q2,Q3)	—
	社会资本	0.831	高信度	Q11,Q13 - Q16(已剔除 Q9 - Q10,Q12)	Q11
	自然资本	**0.676**	信度尚可	**Q17,Q20,Q22,Q24(已剔除 Q18 - Q19,Q21,Q23)**	—
	物质资本	**0.889**	高信度	**Q25 - Q32**	—
	金融资本	**0.830**	高信度	**Q33,Q35 - Q40(已剔除 Q34)**	—
	土地政策	0.912	高信度	Q43,Q46 - Q48(已剔除 Q41 - Q42,Q44 - Q45)	—
	补偿政策	**0.935**	高信度	**Q49 - Q54,Q56(已剔除 Q55)**	—
	就业政策	0.915	高信度	Q57 - Q60,Q63 - Q64(已剔除 Q61,Q62)	—
	创业政策	**0.886**	高信度	**Q65 - Q72**	—
	社保政策	**0.916**	高信度	**Q74,Q76 - Q80(已剔除 Q73,Q75)**	—
	可行能力	0.878	高信度	Q81 - Q86,Q88(已剔除 Q87)	—
	博弈能力	**0.961**	高信度	**Q89 - Q95(已剔除 Q96)**	—
	就业能力	0.851	高信度	Q98,Q100 - Q104(已剔除 Q97,Q99)	—
	创业能力	**0.875**	高信度	**Q105 - Q108,Q110 - Q112(已剔除 Q109)**	—
	参保能力	—	高信度	**Q119(已剔除 Q113 - Q118,Q120)**	—

续表

变量类型	变量名称	Cronbach's Alpha 值	信度判断结论	列入检验的题项	降低变量信度的题项
潜变量	生计资本	0.926302	高信度	Q4 - Q8，Q13 - Q17，Q20，Q22，Q24 - Q33，Q35 - Q40（已剔除 Q1 - Q3，Q9 - Q12，Q18 - Q19，Q21，Q23，Q34）	—
	生计政策	0.965926	高信度	Q43，Q46 - Q54，Q56 - Q60，Q63 - Q72，Q74，Q76 - Q80（已剔除 Q41 - Q42，**Q44 - Q45**，Q55，Q61 - Q62，Q73，Q75）	**Q43，Q48**
	生计能力	0.947341	高信度	Q81 - Q86，Q88 - Q95，Q98，Q100 - Q108，Q110 - Q112，Q119（已剔除 **Q87**，Q96 - **Q97**，Q99，Q109，Q113 - Q118，Q120）	**Q88**
所有变量	整份问卷	0.977027	高信度	Q1 - Q120（剔除 Q1 - Q3，Q9 - Q12，Q18 - Q19，Q21，Q23，Q34，Q41 - Q45，Q48，Q55，Q61 - Q62，Q73，Q75，Q87 - Q88，Q96 - Q97，Q99，Q109，Q113，Q114，Q115，Q116，Q117，Q118，Q120）	**Q4，Q22，Q101**

注：深色字体表示和第二轮信度检验的结果保持一致。

从第三轮观测变量到整份问卷（所有变量）信度检验中发现，除"自然资本"信度检验结果显示 Cronbach's Alpha 值在 0.5 ~ 0.7 外，其他变量信度检验结果显示 Cronbach's Alpha 值均在 0.7 以上，且均在 0.8 以上，各类变量信度检验后可判断"自然资本"为信度尚可，其他变量均为高信度。根据"如果删除了某个变量（项目）后该值（Cronbach's Alpha 值）大于原来的值，则考虑删除这个项目"的原则，最终确定从观测变量到整份问卷（所有变量）信度检验（第三轮）后需要删除以下 39 个题项：Q1 - Q4，Q9 - Q12，Q18 - Q19，Q21 - Q23，Q34，Q41 - Q45，Q48，Q55，Q61 - Q62，Q73，Q75，Q87 - Q88，Q96 - Q97，Q99，Q101，Q109，Q113 - Q118，Q120。

3.4.4.4 从观测变量到整份问卷（所有变量）信度检验（第四轮）小结

根据第三轮分析的结果，仍然按照"观测变量→潜变量→整份问卷（所有变量）"的顺序进行第四轮信度分析，以观测在删除某些题项后对某一变量或整份问卷信度的影响情况，并视情况继续删除某些影响某一变量或整份问卷信度的题项，如表3-46所示。

表3-46 　　从观测变量到整份问卷（所有变量）信度检验（第四轮）汇总

变量类型	变量名称	Cronbach's Alpha 值	信度判断结论	列入检验的题项	降低变量信度的题项
观测变量	人力资本	0.831	高信度	Q5 - Q8（已剔除 Q1，Q2，Q3，Q4）	—
	社会资本	0.879	高信度	Q13 - Q16（已剔除 Q9 - Q12）	—
	自然资本	0.642	信度尚可	Q17，Q20，Q24（已剔除 Q18 - Q19，Q21 - Q23）	—
	物质资本	**0.889**	**高信度**	**Q25 - Q32**	—
	金融资本	**0.830**	**高信度**	**Q33，Q35 - Q40（已剔除 Q34）**	—
	土地政策	0.886	高信度	Q46 - Q47（已剔除 Q41 - Q43，Q44 - Q45，Q48）	—
	补偿政策	**0.935**	**高信度**	**Q49 - Q54，Q56（已剔除 Q55）**	—
	就业政策	**0.915**	**高信度**	**Q57 - Q60，Q63 - Q64（已剔除 Q61，Q62）**	—
	创业政策	**0.886**	**高信度**	**Q65 - Q72**	—
	社保政策	**0.916**	**高信度**	**Q74，Q76 - Q80（已剔除 Q73，Q75）**	—
	可行能力	0.862	高信度	Q81 - Q86（已剔除 Q87 - Q88）	—
	博弈能力	**0.961**	**高信度**	**Q89 - Q95（已剔除 Q96）**	—
	就业能力	0.829	高信度	Q98，Q100，Q102 - Q104（已剔除 Q97，Q99，Q101）	—
	创业能力	**0.875**	**高信度**	**Q105 - Q108，Q110 - Q112（已剔除 Q109）**	—
	参保能力	**—**	**高信度**	**Q119（已剔除 Q113 - Q118，Q120）**	—

变量类型	变量名称	Cronbach's Alpha 值	信度判断结论	列入检验的题项	降低变量信度的题项
潜变量	生计资本	0.925941	高信度	Q5 – Q8，Q13 – Q17，Q20，Q24 – Q33，Q35 – Q40（已剔除 Q1 – Q4，Q9 – Q12，Q18 – Q19，Q21 – Q23，Q34）	—
	生计政策	0.966479	高信度	Q46 – **Q47**，**Q49** – Q54，Q56 – Q60，Q63 – Q72，Q74，Q76 – Q80（已剔除 **Q41** – **Q45**，Q48，Q55，Q61 – Q62，Q73，Q75）	**Q46 – Q47**
	生计能力	0.946706	高信度	Q81 – Q86，Q89 – Q95，Q98，Q100，Q102 – Q108，Q110 – Q112，Q119（已剔除 **Q87** – **Q88**，Q96 – **Q97**，Q99，Q101，Q109，Q113 – Q118，Q120）	—
所有变量	整份问卷	0.976727	高信度	Q1 – Q120（剔除 Q1 – Q4，Q9 – Q12，Q18 – Q19，Q21 – Q23，Q34，Q41 – Q48，Q55，Q61 – Q62，Q73，Q75，Q87 – Q88，Q96 – Q97，Q99，Q101，Q109，Q113，Q114，Q115，Q116，Q117，Q118，Q120）	**Q110**

注：深色字体表示和第三轮信度检验的结果保持一致。

　　从第四轮观测变量到整份问卷（所有变量）信度检验中发现，除"自然资本"信度检验结果显示 Cronbach's Alpha 值在 0.5 ~ 0.7 外，其他变量信度检验结果显示 Cronbach's Alpha 值均在 0.7 以上，且均在 0.8 以上，各类变量信度检验后可判断"自然资本"为信度尚可，其他变量均为高信度。根据"如果删除了某个变量（项目）后该值（Cronbach's Alpha 值）大于原来的值，则考虑删除这个项目"的原则，最终确定从观测变量到整份问卷（所有变量）信度检验（第四轮）后需要删除以下 42 个题项：Q1 – Q4，Q9 – Q12，Q18 – Q19，Q21 – Q23，Q34，Q41 – Q48，Q55，Q61 – Q62，Q73，Q75，Q87 – Q88，Q96 – Q97，Q99，Q101，Q109 – Q110，Q113 – Q118，Q120。

3.4.4.5 从观测变量到整份问卷（所有变量）信度检验（第五轮）小结

根据第四轮分析的结果，仍然按照"观测变量→潜变量→整份问卷（所有变量）"的顺序进行第五轮信度分析，以观测在删除某些题项后对某一变量或整份问卷信度的影响情况，并视情况继续删除某些影响某一变量或整份问卷信度的题项，如表3－37所示。

表3－47　　从观测变量到整份问卷（所有变量）信度检验（第五轮）汇总

变量类型	变量名称	Cronbach's Alpha 值	信度判断结论	列入检验的题项	降低变量信度的题项
观测变量	人力资本	0.831	高信度	Q5 – Q8（已剔除 Q1，Q2，Q3，Q4）	—
	社会资本	0.879	高信度	Q13 – Q16（已剔除 Q9 – Q12）	—
	自然资本	0.642	信度尚可	Q17，Q20，Q24（已剔除 Q18 – Q19，Q21 – Q23）	—
	物质资本	0.889	高信度	Q25 – Q32	—
	金融资本	0.830	高信度	Q33，Q35 – Q40（已剔除 Q34）	—
	土地政策	—	—	Q41 – Q48（集成该变量因素的所有因子即题项全部被剔除）	—
	补偿政策	0.935	高信度	Q49 – Q54，Q56（已剔除 Q55）	—
	就业政策	0.915	高信度	Q57 – Q60，Q63 – Q64（已剔除 Q61，Q62）	—
	创业政策	0.886	高信度	Q65 – Q72	—
	社保政策	0.916	高信度	Q74，Q76 – Q80（已剔除 Q73，Q75）	—
	可行能力	0.862	高信度	Q81 – Q86（已剔除 Q87 – Q88）	—
	博弈能力	0.961	高信度	Q89 – Q95（已剔除 Q96）	—
	就业能力	0.829	高信度	Q98，Q100，Q102 – Q104（已剔除 Q97，Q99，Q101）	—
	创业能力	0.860	高信度	Q105 – Q108，Q111 – Q112（已剔除 Q109 – Q110）	—
	参保能力	—	高信度	Q119（已剔除 Q113 – Q118，Q120）	—

续表

变量类型	变量名称	Cronbach's Alpha 值	信度判断结论	列入检验的题项	降低变量信度的题项
潜变量	**生计资本**	**0.925941**	**高信度**	**Q5 - Q8，Q13 - Q17，Q20，Q24 - Q33，Q35 - Q40（已剔除 Q1 - Q4，Q9 - Q12，Q18 - Q19，Q21 - Q23，Q34）**	—
	生计政策	0.967435	高信度	**Q49** - Q54，Q56 - Q60，Q63 - Q72，Q74，Q76 - Q80（已剔除 **Q41** - Q48，Q55，Q61 - Q62，Q73，Q75）	—
	生计能力	0.945795	高信度	Q81 - Q86，Q89 - Q95，Q98，Q100，Q102 - Q108，Q111 - Q112，Q119（已剔除 **Q87 - Q88**，Q96 - **Q97**，Q99，Q101，Q109 - Q110，Q113 - Q118，Q120）	—
所有变量	整份问卷	0.976752	高信度	Q1 - Q120（剔除 Q1 - Q4，Q9 - Q12，Q18 - Q19，Q21 - Q23，Q34，Q41 - Q48，Q55，Q61 - Q62，Q73，Q75，Q87 - Q88，Q96 - Q97，Q99，Q101，Q109 - Q110，Q113，Q114，Q115，Q116，Q117，Q118，Q120）	Q111

注：深色字体表示和第四轮信度检验的结果保持一致。

从第五轮观测变量到整份问卷（所有变量）信度检验中发现，除"自然资本"信度检验结果显示 Cronbach's Alpha 值在 0.5 ~ 0.7 外，其他变量信度检验结果显示 Cronbach's Alpha 值均在 0.7 以上，且均在 0.8 以上，各类变量信度检验后可判断"自然资本"为信度尚可，其他变量均为高信度。根据"如果删除了某个变量（项目）后该值（Cronbach's Alpha 值）大于原来的值，则考虑删除这个项目"的原则，最终确定从观测变量到整份问卷（所有变量）信度检验（第五轮）后需要删除以下 43 个题项：Q1 - Q4，Q9 - Q12，Q18 - Q19，Q21 - Q23，Q34，Q41 - Q48，Q55，Q61 - Q62，Q73，Q75，Q87 - Q88，Q96 - Q97，Q99，Q101，Q109 - Q111，Q113 - Q118，Q120。

3.4.4.6 从观测变量到整份问卷（所有变量）信度检验（第六轮）小结

根据第五轮分析的结果，仍然按照"观测变量→潜变量→整份问卷（所有变量）"的顺序进行第六轮信度分析，以观测在删除某些题项后对某一变量或整份问卷信度的影响情况，并视情况继续删除某些影响某一变量或整份问卷信度的题项，如表 3 – 48 所示。

表 3 – 48　　从观测变量到整份问卷（所有变量）信度检验（第六轮）汇总

变量类型	变量名称	Cronbach's Alpha 值	信度判断结论	列入检验的题项	降低变量信度的题项
观测变量	人力资本	0.831	高信度	Q5 – Q8（已剔除 Q1，Q2，Q3，Q4）	—
	社会资本	0.879	高信度	Q13 – Q16（已剔除 Q9 – Q12）	—
	自然资本	0.642	信度尚可	Q17，Q20，Q24（已剔除 Q18 – Q19，Q21 – Q23）	—
	物质资本	0.889	高信度	Q25 – Q32	—
	金融资本	0.830	高信度	Q33，Q35 – Q40（已剔除 Q34）	—
	土地政策	—	—	Q41 – Q48（集成该变量因素的所有因子即题项全部被剔除）	—
	补偿政策	0.935	高信度	Q49 – Q54，Q56（已剔除 Q55）	—
	就业政策	0.915	高信度	Q57 – Q60，Q63 – Q64（已剔除 Q61，Q62）	—
	创业政策	0.886	高信度	Q65 – Q72	—
	社保政策	0.916	高信度	Q74，Q76 – Q80（已剔除 Q73，Q75）	—
	可行能力	0.862	高信度	Q81 – Q86（已剔除 Q87 – Q88）	—
	博弈能力	0.961	高信度	Q89 – Q95（已剔除 Q96）	—
	就业能力	0.829	高信度	Q98，Q100，Q102 – Q104（已剔除 Q97，Q99，Q101）	—
	创业能力	0.852	高信度	Q105 – Q108，Q112（已剔除 Q109 – Q111）	—
	参保能力	—	高信度	Q119（已剔除 Q113 – Q118，Q120）	—

续表

变量类型	变量名称	Cronbach's Alpha 值	信度判断结论	列入检验的题项	降低变量信度的题项
潜变量	**生计资本**	**0.925941**	**高信度**	**Q5－Q8，Q13－Q17，Q20，Q24－Q33，Q35－Q40（已剔除 Q1－Q4，Q9－Q12，Q18－Q19，Q21－Q23，Q34）**	—
	生计政策	**0.967435**	**高信度**	**Q49－Q54，Q56－Q60，Q63－Q72，Q74，Q76－Q80（已剔除 Q41－Q48，Q55，Q61－Q62，Q73，Q75）**	—
	生计能力	0.945116	高信度	Q81－Q86，Q89－Q95，Q98，Q100，Q102－Q108，Q112，Q119（已剔除 Q87－Q88，Q96－Q97，Q99，Q101，Q109－Q111，Q113－Q118，Q120）	—
所有变量	整份问卷	0.976752	高信度	Q1－Q120（剔除 Q1－Q4，Q9－Q12，Q18－Q19，Q21－Q23，Q34，Q41－Q48，Q55，Q61－Q62，Q73，Q75，Q87－Q88，Q96－Q97，Q99，Q101，Q109－Q110，Q113，Q114，Q115，Q116，Q117，Q118，Q120）	Q98

注：深色字体表示和第五轮信度检验的结果保持一致。

从第六轮观测变量到整份问卷（所有变量）信度检验中发现，除"自然资本"信度检验结果显示 Cronbach's Alpha 值在 0.5～0.7 外，其他变量信度检验结果显示 Cronbach's Alpha 值均在 0.7 以上，且均在 0.8 以上，各类变量信度检验后可判断"自然资本"为信度尚可，其他变量均为高信度。根据"如果删除了某个变量（项目）后该值（Cronbach's Alpha 值）大于原来的值，则考虑删除这个项目"的原则，最终确定从观测变量到整份问卷（所有变量）信度检验（第六轮）后需要删除以下 44 个题项：Q1－Q4，Q9－Q12，Q18－Q19，Q21－Q23，Q34，Q41－Q48，Q55，Q61－Q62，Q73，Q75，Q87－Q88，Q96－99，Q101，Q109－Q111，Q113－Q118，Q120。

3.4.4.7 从观测变量到整份问卷（所有变量）信度检验（第七轮）小结

根据第六轮分析的结果，仍然按照"观测变量→潜变量→整份问卷（所有变量）"的顺序进行第七轮信度分析，以观测在删除某些题项后对某一变量或整份问卷信度的影响情况，并视情况继续删除某些影响某一变量或整份问卷信度的题项，如表3-49所示。

表3-49　　从观测变量到整份问卷（所有变量）信度检验（第七轮）汇总

变量类型	变量名称	Cronbach's Alpha 值	信度判断结论	列入检验的题项	降低变量信度的题项
观测变量	人力资本	**0.831**	高信度	**Q5 – Q8（已剔除 Q1，Q2，Q3，Q4）**	—
	社会资本	**0.879**	高信度	**Q13 – Q16（已剔除 Q9 – Q12）**	—
	自然资本	**0.642**	信度尚可	**Q17，Q20，Q24（已剔除 Q18 – Q19，Q21 – Q23）**	—
	物质资本	0.889	高信度	Q25 – Q32	—
	金融资本	**0.830**	高信度	**Q33，Q35 – Q40（已剔除 Q34）**	—
	土地政策	—	—	**Q41 – Q48（集成该变量因素的所有因子即题项全部被剔除）**	—
	补偿政策	0.935	高信度	Q49 – Q54，Q56（已剔除 Q55）	—
	就业政策	**0.915**	高信度	**Q57 – Q60，Q63 – Q64（已剔除 Q61，Q62）**	—
	创业政策	**0.886**	高信度	**Q65 – Q72**	—
	社保政策	**0.916**	高信度	**Q74，Q76 – Q80（已剔除 Q73，Q75）**	—
	可行能力	**0.862**	高信度	**Q81 – Q86（已剔除 Q87 – Q88）**	—
	博弈能力	0.961	高信度	Q89 – Q95（已剔除 Q96）	—
	就业能力	0.824	高信度	Q100，Q102 – Q104（已剔除 Q97 – Q99，Q101）	—
	创业能力	**0.852**	高信度	**Q105 – Q108，Q112（已剔除 Q109 – Q111）**	—
	参保能力	—	高信度	**Q119（已剔除 Q113 – Q118，Q120）**	—

续表

变量类型	变量名称	Cronbach's Alpha 值	信度判断结论	列入检验的题项	降低变量信度的题项
潜变量	**生计资本**	**0.925941**	**高信度**	**Q5 - Q8，Q13 - Q17，Q20，Q24 - Q33，Q35 - Q40（已剔除 Q1 - Q4，Q9 - Q12，Q18 - Q19，Q21 - Q23，Q34）**	—
	生计政策	**0.967435**	**高信度**	**Q49 - Q54，Q56 - Q60，Q63 - Q72，Q74，Q76 - Q80（已剔除 Q41 - Q48，Q55，Q61 - Q62，Q73，Q75）**	—
	生计能力	0.944531	高信度	Q81 - Q86，Q89 - Q95，Q100，Q102 - Q108，Q112，Q119（已剔除 Q87 - Q88，Q96 - Q98，Q99，Q101，Q109 - Q111，Q113 - Q118，Q120）	—
所有变量	整份问卷	0.976774	高信度	Q1 - Q120（剔除 Q1 - Q4，Q9 - Q12，Q18 - Q19，Q21 - Q23，Q34，Q41 - Q48，Q55，Q61 - Q62，Q73，Q75，Q87 - Q88，Q96 - Q99，Q101，Q109 - Q110，Q113，Q114，Q115，Q116，Q117，Q118，Q120）	—

注：深色字体表示和第六轮信度检验的结果保持一致。

从第七轮观测变量到整份问卷（所有变量）信度检验中发现，除"自然资本"信度检验结果显示 Cronbach's Alpha 值在 0.5 ~ 0.7 外，其他变量信度检验结果显示 Cronbach's Alpha 值均在 0.7 以上，且均在 0.8 以上，各类变量信度检验后可判断"自然资本"为信度尚可，其他变量均为高信度。根据"如果删除了某个变量（项目）后该值（Cronbach's Alpha 值）大于原来的值，则考虑删除这个项目"的原则，最终确定从观测变量到整份问卷（所有变量）信度检验（第七轮）后需要删除以下 44 个题项：Q1 - Q4，Q9 - Q12，Q18 - Q19，Q21 - Q23，Q34，Q41 - Q48，Q55，Q61 - Q62，Q73，Q75，Q87 - Q88，Q96 - 99，Q101，Q109 - Q111，Q113 - Q118，Q120。

3.4.4.8 从观测变量到整份问卷（所有变量）信度检验总结

为了使每一个观测变量、潜变量以及整份问卷均具有较高的信度并保证在信度检验中删除了某个变量（项目）后该值（Cronbach's Alpha 值）不大于原来的值，按照"观测变量→潜变量→整份问卷（所有变量）"的顺序循环进行了共七轮的信度检验，第七轮的信度检验结果显示，所有观测变量、潜变量和整份问卷的信度均在可接受的范围内，除"自然资本"这个变量外，其他变量和整份问卷的信度其 Cronbach's Alpha 值均在 0.8 以上，其中整份问卷的信度其 Cronbach's Alpha 值高达 0.976774。根据"Cronbach's α 值≥0.70 时，属于高信度；0.35≤Cronbach's α 值<0.70 时，属于尚可；Cronbach's α 值<0.35 则为低信度"[①] 的判断标准，在原来的问卷（共 120 个题项）删除 44 个题项并保留 76 个题项的情况下，可判定用以模型构建的整份问卷及观测变量和潜变量整体而言具有高信度。其保留的变量对应的题项，如表 3 − 50 所示。

表 3 − 50　　　　　　　信度检验后最终保留的变量对应的题项

潜变量	观测变量	原题项代码	题项原变量名	最后用于模型构建的题项代码	最后用于模型构建的变量名
生计资本	人力资本	Q5	人力资本 5	Q1	人力资本 1
		Q6	人力资本 6	Q2	人力资本 2
		Q7	人力资本 7	Q3	人力资本 3
		Q8	人力资本 8	Q4	人力资本 4
	社会资本	Q13	社会资本 5	Q5	社会资本 1
		Q14	社会资本 6	Q6	社会资本 2
		Q15	社会资本 7	Q7	社会资本 3
		Q16	社会资本 8	Q8	社会资本 4
	自然资本	Q17	自然资本 1	Q9	自然资本 1
		Q20	自然资本 4	Q10	自然资本 2
		Q24	自然资本 8	Q11	自然资本 3

---

① J. P. Gilford, Psychometric Methods, 2nd ed. (New York, NY: McGraw - Hill, 1954).

潜变量	观测变量	原题项代码	题项原变量名	最后用于模型构建的题项代码	最后用于模型构建的变量名
生计资本	物质资本	Q25	物质资本1	Q12	物质资本1
		Q26	物质资本2	Q13	物质资本2
		Q27	物质资本3	Q14	物质资本3
		Q28	物质资本4	Q15	物质资本4
		Q29	物质资本5	Q16	物质资本5
		Q30	物质资本6	Q17	物质资本6
		Q31	物质资本7	Q18	物质资本7
		Q32	物质资本8	Q19	物质资本8
	金融资本	Q33	金融资本1	Q20	金融资本1
		Q35	金融资本3	Q21	金融资本2
		Q36	金融资本4	Q22	金融资本3
		Q37	金融资本5	Q23	金融资本4
		Q38	金融资本6	Q24	金融资本5
		Q39	金融资本7	Q25	金融资本6
		Q40	金融资本8	Q26	金融资本7
生计政策	补偿政策	Q49	补偿政策1	Q27	补偿政策1
		Q50	补偿政策2	Q28	补偿政策2
		Q51	补偿政策3	Q29	补偿政策3
		Q52	补偿政策4	Q30	补偿政策4
		Q53	补偿政策5	Q31	补偿政策5
		Q54	补偿政策6	Q32	补偿政策6
		Q56	补偿政策8	Q33	补偿政策7
	就业政策	Q57	就业政策1	Q34	就业政策1
		Q58	就业政策2	Q35	就业政策2
		Q59	就业政策3	Q36	就业政策3
		Q60	就业政策4	Q37	就业政策4
		Q63	就业政策7	Q38	就业政策5
		Q64	就业政策8	Q39	就业政策6

潜变量	观测变量	原题项代码	题项原变量名	最后用于模型构建的题项代码	最后用于模型构建的变量名
生计政策	创业政策	Q65	创业政策 1	Q40	创业政策 1
		Q66	创业政策 2	Q41	创业政策 2
		Q67	创业政策 3	Q42	创业政策 3
		Q68	创业政策 4	Q43	创业政策 4
		Q69	创业政策 5	Q44	创业政策 5
		Q70	创业政策 6	Q45	创业政策 6
		Q71	创业政策 7	Q46	创业政策 7
		Q72	创业政策 8	Q47	创业政策 8
	社保政策	Q74	社保政策 2	Q48	社保政策 1
		Q76	社保政策 4	Q49	社保政策 2
		Q77	社保政策 5	Q50	社保政策 3
		Q78	社保政策 6	Q51	社保政策 4
		Q79	社保政策 7	Q52	社保政策 5
		Q80	社保政策 8	Q53	社保政策 6
生计能力	可行能力	Q81	可行能力 1	Q54	可行能力 1
		Q82	可行能力 2	Q55	可行能力 2
		Q83	可行能力 3	Q56	可行能力 3
		Q84	可行能力 4	Q57	可行能力 4
		Q85	可行能力 5	Q58	可行能力 5
		Q86	可行能力 6	Q59	可行能力 6
	博弈能力	Q89	博弈能力 1	Q60	博弈能力 1
		Q90	博弈能力 2	Q61	博弈能力 2
		Q91	博弈能力 3	Q62	博弈能力 3
		Q92	博弈能力 4	Q63	博弈能力 4
		Q93	博弈能力 5	Q64	博弈能力 5
		Q94	博弈能力 6	Q65	博弈能力 6
		Q95	博弈能力 7	Q66	博弈能力 7

潜变量	观测变量	原题项代码	题项原变量名	最后用于模型构建的题项代码	最后用于模型构建的变量名
生计能力	就业能力	Q100	就业能力4	Q67	就业能力1
		Q102	就业能力6	Q68	就业能力2
		Q103	就业能力7	Q69	就业能力3
		Q104	就业能力8	Q70	就业能力4
	创业能力	Q105	创业能力1	Q71	创业能力1
		Q106	创业能力2	Q72	创业能力2
		Q107	创业能力3	Q73	创业能力3
		Q108	创业能力4	Q74	创业能力4
		Q112	创业能力8	Q75	创业能力5
	参保能力	Q119	参保能力7	Q76	参保能力1

第4章 模型构建

4.1 分数加总

为了在结构方程模型构建时使 Amos 能更直截了当地读取所需的数据，笔者通过用 SPSS 的转换（Transform）功能计算（Compute）各观测变量所属题项（因子）的分数加总（图4-1），并将源文件另存为一个只有观测变量的 SPSS 文档，根据信度检验的结论，原有观测变量"土地政策"被整体剔除，这样分数加总后观测变量共有14个。删除信度检验结果显示应该剔除的题项后，其分数加总的情况如下。

人力资本 = 人力资本5 + 人力资本6 + 人力资本7 + 人力资本8。

社会资本 = 社会资本5 + 社会资本6 + 社会资本7 + 社会资本8。

自然资本 = 自然资本1 + 自然资本4 + 自然资本8。

物质资本 = 物质资本1 + 物质资本2 + 物质资本3 + 物质资本4 + 物质资本5 + 物质资本6 + 物质资本7 + 物质资本8。

金融资本 = 金融资本1 + 金融资本3 + 金融资本4 + 金融资本5 + 金融资本6 + 金融资本7 + 金融资本8。

补偿政策 = 补偿政策1 + 补偿政策2 + 补偿政策3 + 补偿政策4 + 补偿政策5 + 补偿政策6 + 补偿政策8。

就业政策 = 就业政策1 + 就业政策2 + 就业政策3 + 就业政策4 + 就业政策7 + 就业政策8。

创业政策 = 创业政策1 + 创业政策2 + 创业政策3 + 创业政策4 + 创业政策5 + 创业政策6 + 创业政策7 + 创业政策8。

社保政策 = 社保政策2 + 社保政策4 + 社保政策5 + 社保政策6 + 社保政策7 + 社保政策8。

可行能力 = 可行能力1 + 可行能力2 + 可行能力3 + 可行能力4 + 可行能力5 + 可行能力6。

博弈能力 = 博弈能力 1 + 博弈能力 2 + 博弈能力 3 + 博弈能力 4 + 博弈能力 5 + 博弈能力 6 + 博弈能力 7。

就业能力 = 就业能力 4 + 就业能力 6 + 就业能力 7 + 就业能力 8。

创业能力 = 创业能力 1 + 创业能力 2 + 创业能力 3 + 创业能力 4 + 创业能力 8。

参保能力 = 参保能力 7。

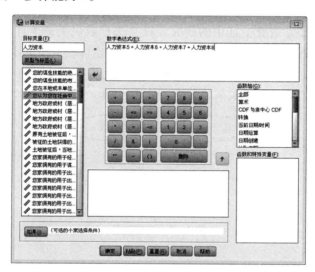

图 4 - 1　每个观测变量的分数加总

另存为一个只有观测变量的 SPSS 文档后，其分数加总的结果如图 4 - 2 所示。

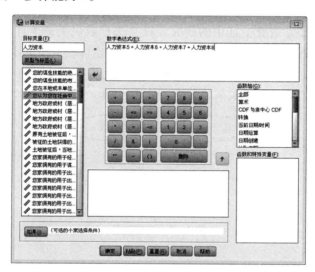

图 4 - 2　所有观测变量分数加总后的视窗

4.2　变量制作

4.2.1　潜在变量制作

本书在预设的模型中，共有三个潜在变量，即生计资本、生计政策和生计能力。根据第 2 章研究论证中的研究假设"失地农民关键生计要素间的关系为：生计政策既影响生计资本又影响生计能力；生计政策和生计资本均影响生计能力。"将以上三个潜在变量在 Amos① 软件的工具箱中点选"椭圆形"的图示，并将其潜在变量的关系如图 4-3 加以制作。

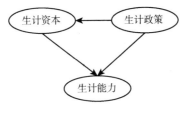

图 4-3　潜在变量

4.2.2　指标变量及完整模型制作

在 Amos 中，指标变量包括观测变量和误差变量。从第 3 章信度分析的结果可知，删除影响问卷信度的题项后共保留了 14 个观测变量。其中潜变量"生计资本"的观测变量为"人力资本""社会资本""自然资本""物质资本""金融资本"；潜变量"生计政策"的观测变量为"补偿政策""就业政策""创业政策""社保政策"；潜变量"生计能力"的观测变量为"可行能力""博弈能力""就业能力""创业能力""参保能力"。在观测变量的模型制作时，本书在 Amos 软件工具箱中点选"观测变量"（指标变量）的图标 后分别在以上 3 个潜在变量上点 5、4、5 下，使得它们分别产生5、4、5 个观测变量，最后根据需要改变其形状的大小。完成以上步骤后点Amos 软件中的［Files］、［Data Files］，出现［Data Files］窗口后，点"Files

---

① 笔者使用的软件版本是 IBM SPSS Amos22.

Name"并选择要读入的文件即"分数加总"后只有观测变量的文件，最后点选
[OK]。如图 4 - 4 所示。

图 4 - 4　用 Amos 读入 SPSS 中"分数加总"后
只有观测变量的文件

以上步骤完成后，点［View］、［Variables in Dataset］，在出现"［Varia-
bles in Dataset］"窗口后，点住变量名称并将其拖动到潜变量对应的观测变量
位置上再松手，这样 14 个变量便读到上述潜变量对应的观测变量上了。如
图 4 - 5 所示。

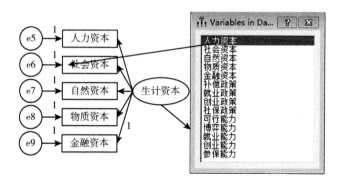

图 4 - 5　将 SPSS 中的变量读入 Amos 预设模型中
潜变量对应的观测变量

切记，内衍变量（依变量）也要交代误差变量的名称！否则在执行"计
算估计值"（Calculate Estimates）命令时，Amos 会发出如下警告"The follow-
ing variables are endogenous，but have no residual（error）variables"。如图 4 - 6
所示，当未制作内衍变量"生计资本""生计能力"的误差变量时，该结构方
程模型在执行"计算估计值"（Calculate Estimates）命令时，Amos 发出的警告
如图 4 -7 所示。

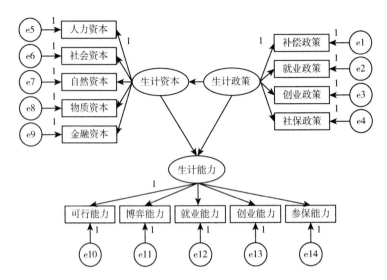

图4-6   未制作内衍变量的误差变量的结构方程模型

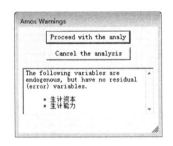

图4-7   执行"计算估计值"时
Amos 发出的警告

制作内衍变量的误差变量可以在工具箱中直接点选"椭圆形"图示，然后分别在"生计资本""生计能力"这两个依变量的下方拉出一个圆形并根据需要调整大小和拖动方位。以上步骤完成后，需要根据点［Plugins］、［Name Unobserved Variables］对误差变量进行自动命名。笔者在自动命名后根据需要直接点选（双击鼠标）误差变量进行了手动方式的命名，方法如图4-8所示。

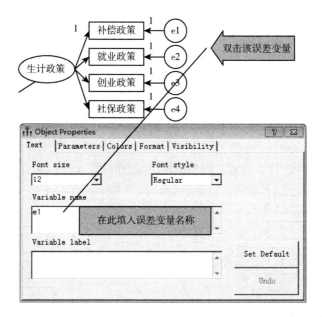

图 4-8 手动命名误差变量名称

以上所有步骤逐一完成后，切记在内衍变量即"生计资本""生计能力"这两个依变量的误差变量 e15、e16 设定 Regression weight 为固定参数"1"。其设定的方法为：在误差变量的箭头上双击鼠标，出现"Object properties"的窗口后点击"Parameters"选项，在"Regression weight"中填入固定参数"1"。如图 4-9 所示。

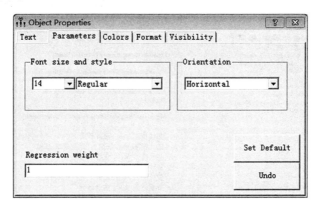

图 4-9 设定误差变量的固定参数"1"

　　请注意，如果不在这两个依变量的误差变量 e15、e16 设定 Regression weight 为固定参数"1"，在执行"计算估计值"（Calculate Estimates）命令时，Amos 会出现无法识别的问题。如图 4 – 10 所示，该结构方程模型未设定误差变量 e15、e16 的 Regression weight 为固定参数"1"，在执行"计算估计值"（Calculate Estimates）命令后，Amos 中输入输出路径图 的图示中右边的输出图示显示灰色，无法点击浏览输出结果。在文件"AMOS OUTPUT"查看时还可以发现在点击 Estimates 是其结果显示为"unidentified"，说明未设定 Regression weight 为固定参数"1"导致了模型无法识别的问题，如图 4 – 11 所示。

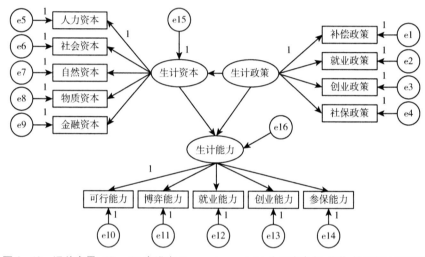

图 4 – 10　误差变量 e15、e16 未设定 Regression weight 为固定参数"1"的结构方程模型

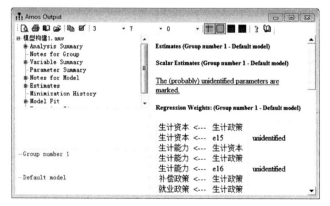

图 4 – 11　查看文件"AMOS OUTPUT"时显示的 Estimates 结果

　　因此，在本书研究中，完整的结构方程模型必须设定两个依变量的误差变量 e15、e16 的 Regression weight 为固定参数 "1"。如图 4 - 12 所示，在该模型中，生计资本、生计政策、生计能力为潜在变量（以椭圆表示）；人力资本、社会资本、自然资本、物资资本、金融资本、补偿政策、就业政策、创业政策、社保政策、可行能力、博弈能力、就业能力、创业能力、参保能力为观察变量（以长方形表示）；e1 - e16 为误差变量（以圆形表示）。下文将会根据输出报表对模型拟合度进行估计并利用修正指标对模型进行修正，最终探索出最佳模型。

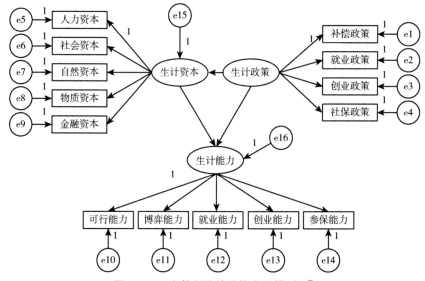

图 4 - 12　完整制作的结构方程模型 1①

---

　　①　本书笔者黄建伟曾在《中国土地科学》2011 年第 6 期《失地农民可持续生计问题研究综述》一文第 94 页中对结构方程模型中的固定参数 "1" 做过如下详细的解释：自由参数和固定参数是结构方程模型最常见的两种参数。自由参数是其数值未知而需要结构方程模型估计的参数；固定参数相对于自由参数，是结构方程模型拟合过程中无须估计的参数。上图中标注的 "1" 是固定参数，主要用来为潜变量设定测量尺度。在结构方程模型中，潜变量的尺度设定方法通常有两种，第一种是将潜变量下属的各观察变量的误差方差（残差项方差）设置为 1，在这种情况下，这些误差方差（残差项方差）就是模型的自由参数；第二种是将潜变量下属的某个观测变量的因子载荷（也称因素负荷量或路径系数）固定为 1（参见：林嵩．结构方程模型原理及 AMOS 应用 [M]．武汉：华中师范大学出版社，2008：18．）。在图中的固定参数包括潜变量 "生计资本" 对观察变量 "人力资本" 的负载、潜变量 "生计政策" 对观察变量 "补偿政策" 的负载、潜变量 "生计能力" 对观察变量 "可行能力" 的负载及各误差变量（残差项）与其对应的观察变量之间的路径关系、各误差变量（残差项）与对应的潜变量之间的路径关系（如 e15 与潜变量 "生计资本" 之间的路径关系、e16 与潜变量 "生计能力" 之间的路径关系。除去这些固定参数，其余均为自由参数。在图中发现，在潜变量与各观察变量之间的因子载荷有一个观察变量出现了 "1"，其余的观测变量则没有。这个 "1" 表示识别性，也就是在非标准化的估计中，作为解释的基准。识别性的问题就是等化的问题，所谓 "等化" 就是将潜在变量的测量单位与观测变量的测量单位设为相同（参见：荣泰生 AMOS 与研究方法 [M]．重庆：重庆大学出版社，2009：117．）。

4.3 数据处理①

4.3.1 属性设定

在工具箱中点选 "Analysis Properties" 分析属性图示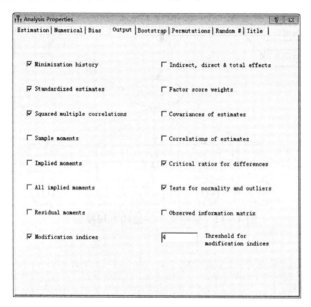后在弹出的窗口中点开 Output 选择要分析的系数。笔者点选了 Minimization history（极小化历史）、Standardized estimates（标准值估计或标准化系数）、Squared multiple correlations（复相关平方值，也称判定系数）、Modification indices（修正指标）、Critical ratio for differences（参数差异临界比率值）、Tests for normality and outliers（正态性与异常值检验）。如图 4 – 13 所示。

图 4 – 13　分析属性窗口设定

4.3.2 参数设定

为了在数据分析中更容易识别输出报表，需要在 AMOS 中点选 ［Plugins］、［Name Parameters］，待出现 "Amos Graphics" 窗口后点选要命名的参数 Covari-

---

① 荣泰生. AMOS 与研究方法 ［M］. 重庆：重庆大学出版社，2009：112 – 129.

ances（协方差），Regression weights（回归系数）。这样，研究所需要命名的参数其名称就设定好了。如图 4 – 14 所示。

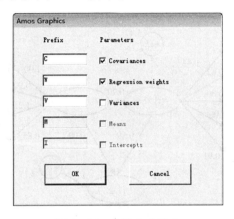

图 4 – 14　参数名称设定

4.3.3　参数显示

为了使一些重要的参数在绘图区中更加直观地显示出来，笔者在 AMOS 的工具箱中点选 Title 图示并在绘图区点一下，然后在弹出的窗口 Caption 中填入如图 4 – 15 所示的重要参数。同时可设定对其方式和字体大小。

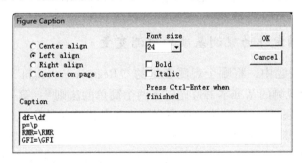

图 4 – 15　重要参数显示

4.3.4　计算估计值

执行"计算估计值"（Calculate Estimates）命令（点选图示▒▒），点击浏览输出路径图标▒，通过使用工具箱中"移动参数值"的图示▒▒将回归系数调整到相应的位置，便产生了图 4 – 16 的输出结果。

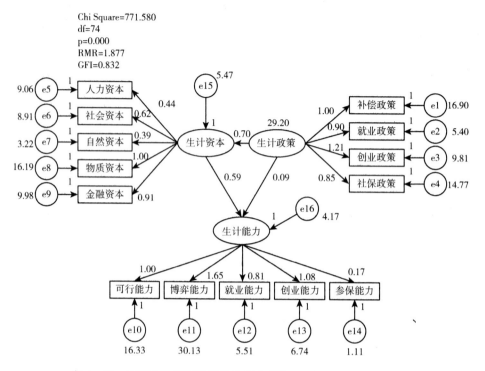

图 4 - 16   计算估计值后的输出结果 1 (Unstandardized estimates)

4.3.5   确定作为观测基准的观测变量

在识别性问题中，将哪个观测变量的"Regression weight"设为固定参数"1"即设置为观测的基准本书遵循以下两个简单的法则[①]：第一法则为与潜在变量为正向关系；第二法则为若所有观测变量与潜变量均为正向关系，则选择信度最高的那个观测变量为观测基准。从图 4 - 16 可知，并没有哪一个观察变量与潜变量为非正向关系，故考虑适用第二个法则。根据第 3 章 "表 3 - 49：从观测变量到整份问卷（所有变量）信度检验（第七轮）汇总表"可知"物质资本"（Cronbach's Alpha 值 0.889）、"补偿政策"（Cronbach's Alpha 值 0.935）、"博弈能力"（Cronbach's Alpha 值 0.961）分别是与对应的潜变量"生计资本""生计政策""生计能力"中信度最高的观测变量。故以上三个

---

① 荣泰生. AMOS 与研究方法 [M]. 重庆：重庆大学出版社, 2009：117.

观测变量最终确定为观测基准的观测变量。这样完整制作的结构方程模型修改如图4-17所示。

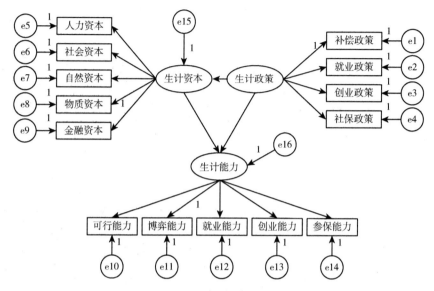

图4-17　完整制作的结构方程模型2

4.3.6　报表初览

通过图4-17制作成功后，再次执行"计算估计值"（Calculate Estimates）命令（点选图示▮▮▮▮），点击浏览输出路径图标▮可以发现，"参保能力"这个观测变量的路径系数（该路径系数为"未标准化系数或非标准化因素负荷量"）只有0.1，是所有路径系数中最小的一个，其数值明显偏小，说明参保能力对生计能力的相对影响力很小（如图4-18所示）。另外通过浏览表4-1：未标准化回归系数"Regression Weights：（Group number 1 - Default model）"和表4-2：标准化回归系数"Standardized Regression Weights：（Group number 1 - Default model）"可知："生计能力　←　生计政策"对应的P值为0.088 > 0.001，说明其对于生计能力影响的显著性不如其他变量；另外在标准化回归系数中，"参保能力　←　生计能力"的路径系数只有0.509，是路径系数中最小的一个系数；"就业政策　←　生计政策"的路径系数为0.903，是路径系数中最大的一个系数。

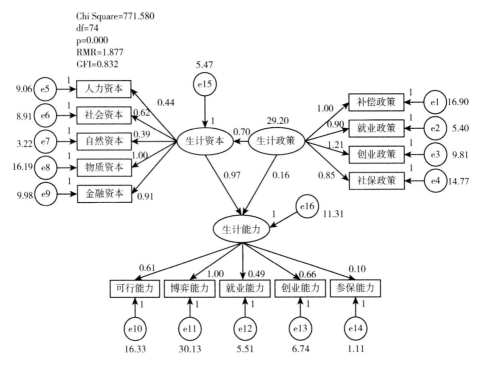

图 4-18 计算估计值后的输出结果 2 (Unstandardized estimates)

表 4-1　　　　　　　　　未标准化回归系数 "Regression Weights:
(Group number 1 - Default model)"

			Estimate	S. E.	C. R.	P	Label
生计资本	←	生计政策	0.701	0.041	17.137	***	W1
生计能力	←	生计资本	0.972	0.125	7.798	***	W11
生计能力	←	生计政策	0.155	0.091	1.704	0.088	W12
补偿政策	←	生计政策	1.000				
就业政策	←	生计政策	0.904	0.035	25.980	***	W2
社保政策	←	生计政策	0.847	0.041	20.841	***	W3
金融资本	←	生计资本	0.911	0.048	19.037	***	W4
物质资本	←	生计资本	1.000				
自然资本	←	生计资本	0.389	0.023	16.656	***	W5
社会资本	←	生计资本	0.625	0.038	16.343	***	W6
人力资本	←	生计资本	0.444	0.034	13.035	***	W7

		Estimate	S. E.	C. R.	P	Label
参保能力	← 生计能力	0.102	0.009	12.039	***	W8
创业能力	← 生计能力	0.656	0.033	20.124	***	W9
博弈能力	← 生计能力	1.000				
可行能力	← 生计能力	0.607	0.038	16.119	***	W10
创业政策	← 生计政策	1.211	0.047	25.936	***	W13
就业能力	← 生计能力	0.491	0.026	18.895	***	W14

表 4 - 2　　　　标准化回归系数 "Standardized Regression Weights: (Group number 1 - Default model)"

	Estimate
生计资本　←　生计政策	0.851
生计能力　←　生计资本	0.712
生计能力　←　生计政策	0.138
补偿政策　←　生计政策	0.796
就业政策　←　生计政策	0.903
社保政策　←　生计政策	0.766
金融资本　←　生计资本	0.789
物质资本　←　生计资本	0.742
自然资本　←　生计资本	0.694
社会资本　←　生计资本	0.682
人力资本　←　生计资本	0.549
参保能力　←　生计能力	0.509
创业能力　←　生计能力	0.838
博弈能力　←　生计能力	0.742
可行能力　←　生计能力	0.674
创业政策　←　生计政策	0.902
就业能力　←　生计能力	0.786

第5章 报表分析

5.1 浏览完整构建模型的路径系数

通过模型构建的过程分析，笔者在数据处理时最终选用了完整制作的结构方程模型2即图4-17。用这个模型执行计算估计值的命令后，点击"输出路径图"的图标即可浏览完整构建模型的路径系数。如图5-1与图5-2所示。

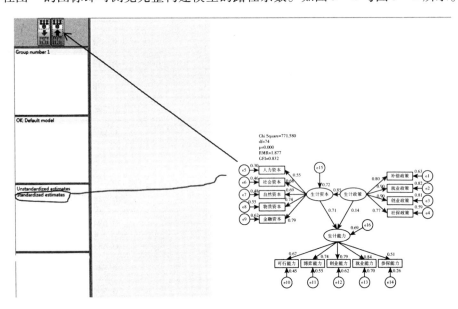

图5-1 完整构建模型的路径系数（估计值：Standardized estimates）

5.2 输出模型报表

为了对该模型进行综合分析，需要点击产生模型输出报表的图标并根据需要在输出报表内容选项中点击所需要的数据进行浏览和进一步分析，如图5-3所示。

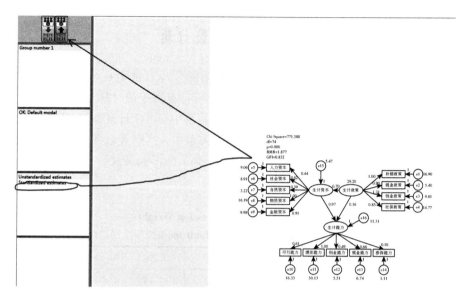

图 5 – 2　完整构建模型的路径系数（估计值：Unstandardized estimates）

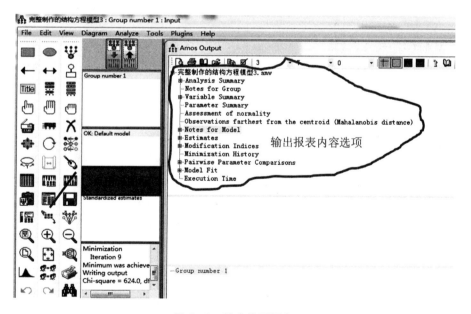

图 5 – 3　输出模型报表

5.3 回归系数分析

从表 5-1 可知,表示显著性影响的 P 值除"生计能力←生计政策"之外均显示为"***",即 P<0.001,可解释为所有观测变量对其对应的潜变量有显著性影响。从表 5-2 可知,在潜变量的关系中,"生计政策"对"生计资本"的影响最大;在观测变量与潜变量的关系中,"就业政策"对"生计政策"的影响最大、"金融资本"对"生计资本"的影响最大、"创业能力"对"生计能力"的影响最大。

表 5-1 　　　　　未标准化回归系数"Regression Weights:
(Group number 1 - Default model)"

	Estimate	S. E.	C. R.	P	Label
生计资本 ← 生计政策	0.701	0.041	17.137	***	W1
生计能力 ← 生计资本	0.972	0.125	7.798	***	W2
生计能力 ← 生计政策	0.155	0.091	1.704	0.088	W3
补偿政策 ← 生计政策	1.000				
就业政策 ← 生计政策	0.904	0.035	25.980	***	W4
社保政策 ← 生计政策	0.847	0.041	20.841	***	W6
金融资本 ← 生计资本	0.911	0.048	19.037	***	W7
物质资本 ← 生计资本	1.000				
自然资本 ← 生计资本	0.389	0.023	16.656	***	W8
社会资本 ← 生计资本	0.625	0.038	16.343	***	W9
人力资本 ← 生计资本	0.444	0.034	13.035	***	W10
参保能力 ← 生计能力	0.102	0.009	12.039	***	W11
创业能力 ← 生计能力	0.656	0.033	20.124	***	W12
博弈能力 ← 生计能力	1.000				
可行能力 ← 生计能力	0.607	0.038	16.119	***	W14
创业政策 ← 生计政策	1.211	0.047	25.936	***	W5
就业能力 ← 生计能力	0.491	0.026	18.895	***	W13

表 5 - 2　　　　　标准化回归系数 "Standardized Regression Weights：
　　　　　　　　　　（Group number 1 – Default model）"

	Estimate
生计资本　←　生计政策	0. 851
生计能力　←　生计资本	0. 712
生计能力　←　生计政策	0. 138
补偿政策　←　生计政策	0. 796
就业政策　←　生计政策	0. 903
社保政策　←　生计政策	0. 766
金融资本　←　生计资本	0. 789
物质资本　←　生计资本	0. 742
自然资本　←　生计资本	0. 694
社会资本　←　生计资本	0. 682
人力资本　←　生计资本	0. 549
参保能力　←　生计能力	0. 509
创业能力　←　生计能力	0. 838
博弈能力　←　生计能力	0. 742
可行能力　←　生计能力	0. 674
创业政策　←　生计政策	0. 902
就业能力　←　生计能力	0. 786

5.4　违反估计分析

　　为了防止在进行整体模型拟合度检验之前出现过于严重的测量误差，根据邱皓政（2003）以及 Hair，Anderson，Tatham 与 Black（1998）等人的观点[1]，研究工作必须在模型评鉴之前通过浏览参数估计值进行"违反估计"（offending estimates）的检查和分析。若在参数估计值中出现以下两种情况的一种或

---

　① 荣泰生. AMOS 与研究方法［M］. 重庆：重庆大学出版社，2009：118.

两种情况同时存在。

1. 负的误差方差存在。

2. 标准化系数超过0.95。

则有"违反估计"的项目存在，即误差方差的估计值超出了可接受的范围，模型将获得不适当的解。

从表5-3可知：模型中误差方差的测量误差"S. E."全部为正数；另外从表5-2可知，标准化回归系数的"Estimate"值最大为0.903，最小为0.138，其值均未超过0.95。故可判定此模型未"违反估计"。

表5-3　　　　误差方差"Variances：（Group number 1 - Default model）"

	Estimate	S. E.	C. R.	P	Label
生计政策	29.197	2.516	11.606	***	V1
e15	5.473	0.726	7.543	***	V16
e16	11.315	1.455	7.774	***	V17
e1	16.903	1.111	15.212	***	V2
e2	5.397	0.469	11.511	***	V3
e3	9.814	0.847	11.591	***	V4
e4	14.765	0.945	15.623	***	V5
e9	9.977	0.723	13.809	***	V6
e8	16.190	1.095	14.791	***	V7
e7	3.223	0.209	15.453	***	V8
e6	8.910	0.571	15.590	***	V9
e5	9.060	0.548	16.547	***	V10
e14	1.109	0.066	16.701	***	V11
e13	6.739	0.554	12.172	***	V12
e12	5.512	0.398	13.854	***	V13
e11	30.135	2.044	14.742	***	V14
e10	16.331	1.045	15.627	***	V15

5.5　正态性检验

在进行正态性检验之前，已经确定所有数据没有出现缺失值并且使用分数加总的原始数据文件而不是相关系数矩阵。正态性检验之所以必要，是因为要保证在大样本的情况下结论的正确性。尤其是多变量的正态性检验对于构建结构方程模型而言不仅是最基本的要求，也是最重要的操作步骤。否则参数估计值的标准误可能会被低估，而 x^2 的值则可能被高估，这样结论的正确性就得不到保证。对于原始数据产生的变量是否违反正态分布，笔者采用如下判断标准：若在 Multivariate 一栏发现代表偏度系数或峰度系数除以标准误的临界值 c. r. 大于 2，视为违反正态分布并暗示某些单变量存在需要处理的异常值。表 5 - 4 显示，在 Multivariate 一栏中，c. r. 等于 31. 140，远远大于 2。故可以判断原始数据的变量存在需要处理的异常值，通常情况下，这些异常值要全部删除后才能使该原始数据的变量符合正态分布的假设。

表 5 - 4　　　　　正态性估计 "Assessment of normality（Group number 1）"

Variable	min	max	skew	c. r.	kurtosis	c. r.
创业政策	8. 000	56. 000	1. 115	11. 252	1. 735	8. 752
可行能力	6. 000	41. 000	0. 384	3. 871	- 0. 082	- 0. 412
博弈能力	7. 000	49. 000	0. 569	5. 747	- 0. 005	- 0. 023
就业能力	4. 000	28. 000	- 0. 132	- 1. 337	0. 251	1. 264
创业能力	5. 000	35. 000	0. 573	5. 784	0. 261	1. 316
参保能力	1. 000	7. 000	- 0. 093	- 0. 940	- 0. 231	- 1. 167
人力资本	4. 000	28. 000	- 0. 418	- 4. 214	0. 696	3. 511
社会资本	4. 000	28. 000	0. 591	5. 960	0. 639	3. 225
自然资本	3. 000	19. 000	1. 059	10. 691	1. 427	7. 200
物质资本	8. 000	56. 000	2. 337	23. 586	7. 729	38. 996
金融资本	7. 000	49. 000	1. 706	17. 220	5. 180	26. 136
社保政策	6. 000	42. 000	0. 610	6. 161	0. 233	1. 175
就业政策	6. 000	40. 000	1. 244	12. 557	1. 978	9. 981
补偿政策	7. 000	49. 000	0. 694	7. 004	0. 849	4. 282
Multivariate					53. 330	31. 140

5.6 异常值处理

对于异常值的处理方法，主要是通过查看“Observations farthest from the centroid（Mahalanobis distance）（Group number 1）”中的值（见图5－4）。具体操作方法为：因P2比P1在辨别非正态分布的个案时更具敏感性，故先按输出报表中个案出现的先后顺序逐一删除P2列中所有数值小于0.05的个案[①]，再按输出报表中个案出现的先后顺序逐一删除P1列中所有数值小于0.05的个案，直到P1、P2列中所有的个案对应的数值均大于或等于0.05。由于某个个案的异常值的删除可能会导致其他个案产生新的异常值或导致其他原本有异常值的个案因某个个案的删除而变成无异常值的个案。因此逐一删除即一次删除一个后再检查P2或P1列中对应值，确保不要误删数据。

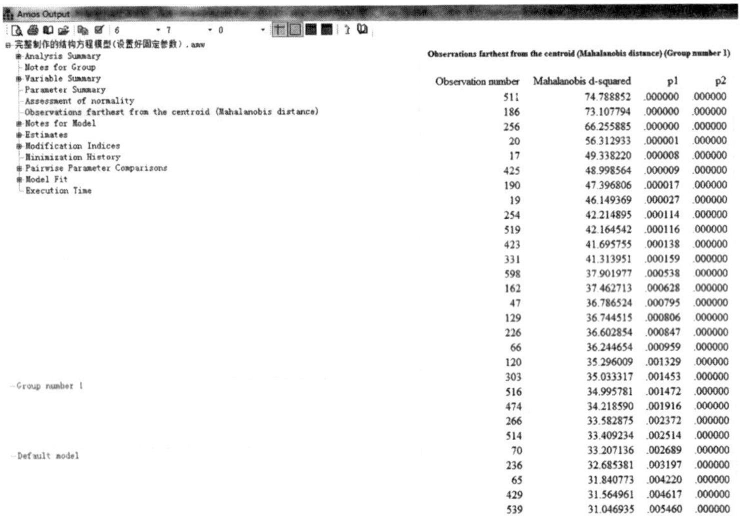

Observations farthest from the centroid (Mahalanobis distance) (Group number 1)

Observation number	Mahalanobis d-squared	p1	p2
511	74.788852	.000000	.000000
186	73.107794	.000000	.000000
256	66.255885	.000000	.000000
20	56.312933	.000001	.000000
17	49.338220	.000008	.000000
425	48.998564	.000009	.000000
190	47.396806	.000017	.000000
19	46.149369	.000027	.000000
254	42.214895	.000114	.000000
519	42.164542	.000116	.000000
423	41.695755	.000138	.000000
331	41.313951	.000159	.000000
598	37.901977	.000538	.000000
162	37.462713	.000628	.000000
47	36.786524	.000795	.000000
129	36.744515	.000806	.000000
226	36.602854	.000847	.000000
66	36.244654	.000959	.000000
120	35.296009	.001329	.000000
303	35.033317	.001453	.000000
516	34.995781	.001472	.000000
474	34.218590	.001916	.000000
266	33.582875	.002372	.000000
514	33.409234	.002514	.000000
70	33.207136	.002689	.000000
236	32.685381	.003197	.000000
65	31.840773	.004220	.000000
429	31.564961	.004617	.000000
539	31.046935	.005460	.000000

图5－4　距离群体重心最远之观察值“Observations farthest from the centroid（Mahalanobis distance）（Group number 1）”部分输出报表1

通过使用以上异常值的处理方法，发现分数加总后的原始数据文件共有

① 个案编号就是问卷在SPSS软件中呈现的编码顺序，如图5－4中第256、第511个编码，其个案在输出报表中呈现的顺序分别为1、2。

246 个个案被删除，共保留 365（611 – 246）个个案后，P2 与 P1 列中均未发现大于 0.05 的值（见图 5 – 5）。再查看异常值删除后的表 5 – 5：正态性估计"Assessment of normality（Group number 1）"2，可以发现在 Multivariate 一栏中，c. r. 等于 – 1. 816，远小于 2，且所有偏度系数小于 3，峰度系数小于 8。故可以判断原始数据的变量已不存在需要处理的异常值。再次查看异常值处理后有无违反估计的现象后发现：无负的误差方差存在（见表 5 – 6）；无标准化系数超过 0. 95（见表 5 – 7），故无违反估计现象发生。至此，该原始数据的变量符合正态分布的假设，下一步可以考虑计算模型的信度。

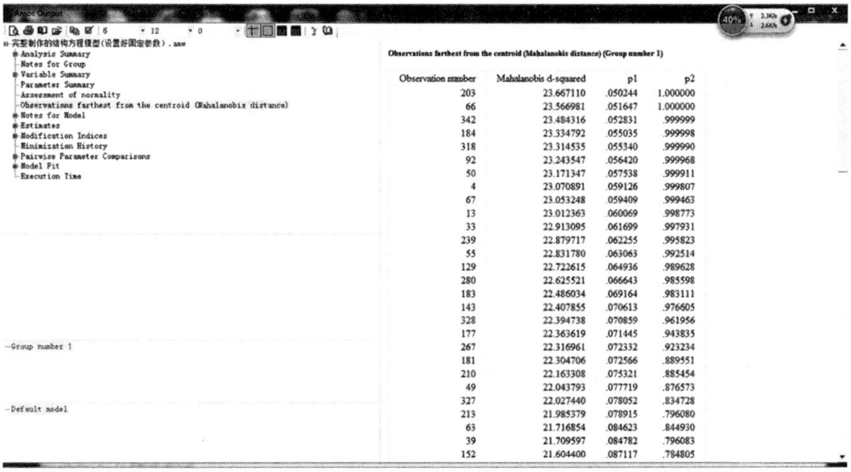

图 5 – 5 距离群体重心最远之观察值"Observations farthest from the centroid（Mahalanobis distance）（Group number 1）"部分输出报表 2

表 5 – 5   正态性估计"Assessment of normality（Group number 1）"2

Variable	min	max	skew	c. r.	kurtosis	c. r.
创业政策	8. 000	32. 000	0. 801	6. 245	– 0. 084	– 0. 328
可行能力	6. 000	30. 000	0. 245	1. 909	– 0. 623	– 2. 429
博弈能力	7. 000	32. 000	0. 354	2. 757	– 0. 924	– 3. 605
就业能力	4. 000	20. 000	– 0. 382	– 2. 980	– 0. 505	– 1. 971
创业能力	5. 000	22. 000	0. 304	2. 369	– 0. 585	– 2. 280
参保能力	1. 000	6. 000	– 0. 138	– 1. 080	– 0. 766	– 2. 988
人力资本	4. 000	20. 000	– 0. 721	– 5. 624	0. 144	0. 561
社会资本	4. 000	18. 000	0. 178	1. 392	– 0. 840	– 3. 276

续表

Variable	min	max	skew	c. r.	kurtosis	c. r.
自然资本	3.000	10.000	0.588	4.585	−0.662	−2.581
物质资本	8.000	22.000	1.394	10.874	1.580	6.160
金融资本	7.000	25.000	1.018	7.939	1.170	4.562
社保政策	6.000	24.000	0.377	2.941	−0.794	−3.098
就业政策	6.000	21.000	0.748	5.834	−0.353	−1.376
补偿政策	7.000	29.000	0.411	3.205	−0.706	−2.752
Multivariate					−4.023	−1.816

5.7 模型内在质量判断

一般而言，在处理完异常值之后，需要通过计算潜在变量的信度来判断模型内在质量的优劣。潜在变量信度的计算一般采用以下两种方法，一种是"构建信度"计算法，另一种是"平均方差提取"计算法，实践中，更多地研究者更倾向于第一种信度计算法。这两种方法的计算公式及判断标准如下[①]。

5.7.1 "构建信度"计算法

"构建信度"计算法主要利用报表中的因素负荷量即标准化回归系数表中的估计值（见表5－6）来计算潜在变量的组合信度（composite reliability），该信度就是本书所称的构建信度（construct reliability），即建构效度中信度的这一部分。其公式如下：

$$\rho_c = \frac{\sum(\lambda)^2}{\sum(\lambda)^2 + \sum(\theta)}$$

$$= \frac{\sum(标准化回归系数的估计值)^2}{\sum(标准化回归系数的估计值)^2 + \sum(观测变量的误差变异量)}$$

其中：ρ_c 为构建信度，$\theta = 1 - \lambda^2$。

根据该公式计算的"构建信度"如果大于0.6，这表示模型的内在质量良好。

---

① 荣泰生. AMOS 与研究方法 [M]. 重庆：重庆大学出版社，2009：121－122.

5.7.2 "平均方差提取"计算法

"平均方差提取"（average variance extracted）主要用来解释潜在变量所解释的变异量中有多少变异量来自于指标变量。在研究实践中，也有学者将其作为判断模型内在质量的标准之一。其计算公式如下：

$$P_y = \frac{\sum(\lambda^2)}{\sum(\lambda^2) + \sum(\theta)}$$

$$= \frac{\sum(标准化回归系数的估计值^2)}{\sum(标准化回归系数的估计值^2) + \sum(观测变量的误差变异量)}$$

其中 ρ_v 为"平均方差提取"信度，$\theta = 1 - \lambda^2$

根据该公式计算的"平均方差提取"信度如果大于 0.5，这表示模型的内在质量很好。

5.7.3 信度计算结果分析

根据以上公式和异常值处理后的有关报表（见表 5 - 6），计算出生计政策、生计能力、生计资本这三个潜在变量的构建信度分别为 0.928、0.831、0.761；而其"平均方差提取"信度则分别为 0.764、0.500、0.392。很明显，无论是"构建信度"还是"平均方差提取"信度，生计政策和生计能力这两个潜在变量均具有很高的信度，说明其在模型中的内在质量很好。虽然生计资本这个潜在变量的构建信度大于 0.6，但是其"平均方差提取"信度只有 0.392，低于 0.5 的临界值，说明生计资本这个潜在变量在模型中的内在质量还有待提升。本研究更倾向于采用构建信度作为判断模型中的内在质量，故生计资本这个潜在变量在质量上视为尚可用于模型构建的变量，但需要设法提高其信度，以提高整体模型的内在质量。

表 5 - 6　　异常值处理后标准化回归系数 "Standardized Regression Weights：（Group number 1 – Default model）"

	Estimate
生计资本　←　生计政策	0.865311
生计能力　←　生计资本	0.563578

续表

	Estimate
生计能力 ← 生计政策	0.355291
补偿政策 ← 生计政策	0.806586
就业政策 ← 生计政策	0.931424
社保政策 ← 生计政策	0.824785
金融资本 ← 生计资本	0.631851
物质资本 ← 生计资本	0.539680
自然资本 ← 生计资本	0.682904
社会资本 ← 生计资本	0.716205
人力资本 ← 生计资本	0.538571
参保能力 ← 生计能力	0.502682
创业能力 ← 生计能力	0.782187
博弈能力 ← 生计能力	0.780003
可行能力 ← 生计能力	0.730173
创业政策 ← 生计政策	0.926101
就业能力 ← 生计能力	0.704264

表 5 – 7　　　　　　　　异常值处理后误差方差 "Variances：
（Group number 1 – Default model）"

	Estimate	S. E.	C. R.	P	Label
生计政策	19.813776	2.149906	9.216114	***	V1
e15	0.746315	0.182112	4.098107	***	V16
e16	5.103829	0.991797	5.146041	***	V17
e1	10.641739	0.877609	12.125831	***	V2
e2	1.924683	0.227000	8.478765	***	V3
e3	4.465040	0.504304	8.853873	***	V4
e4	8.001222	0.670934	11.925503	***	V5
e9	7.181730	0.593465	12.101350	***	V6
e8	7.228651	0.571464	12.649358	***	V7
e7	1.763750	0.151659	11.629715	***	V8
e6	5.108008	0.455652	11.210320	***	V9
e5	7.707839	0.609104	12.654383	***	V10

	Estimate	S. E.	C. R.	P	Label
e14	0. 931440	0. 072010	12. 934824	***	V11
e13	5. 315070	0. 490773	10. 830004	***	V12
e12	6. 101167	0. 514848	11. 850413	***	V13
e11	15. 671598	1. 441852	10. 869077	***	V14
e10	10. 018910	0. 865152	11. 580516	***	V15

5.8　拟合度指标分析

在报表输出窗口中，点击"模型拟合度摘要（Model Fit Summary）"，在输出报表中可对与拟合度相关的指标进行分析并判断所建立的模型是否适合数据以及是否需要进一步进行模型修正。在拟合度的指标报表中，会呈现三种模型：Default model（预设模型）、Saturated model（饱和模型）、Independence model（独立模型）。本书主要通过 Default model（预设模型）即所建立的模型所呈现的相关指标来进行拟合度指标分析。一般地，模型拟合度越高，则模型可用性越强。其分析依据主要参照表 5 – 8：拟合度判断标准[①]。根据输出报表 5 – 10、表 5 – 11、表 5 – 12、表 5 – 13、表 5 – 14，可对本研究所建立的模型的拟合度做出如表 5 – 9 的判断结论。

表 5 –8　　　　　　　　　　　　拟合度判断标准

判断指标		判断标准
绝对拟合度指标	x^2	卡方值 P > 0. 05，则模型拟合度良好（该值容易受样本大小影响，但样本正增加时，该值有接近 0 的倾向，故还需参考其他指标）
	GFI	GFI > 0. 9，则模型拟合度良好，越接近 1 越好
	RMR	RMR < 0. 05，则模型拟合度良好，越接近 0 越好
	RMSEA	RMSEA < 0. 1，则模型拟合度良好，越接近 0 越好

---

① 荣泰生. AMOS 与研究方法 ［M］. 重庆：重庆大学出版社，2009：128 – 129.

续表

判断指标		判断标准
增值拟合度 指标	AGFI	AGFI > 0.9，则模型拟合度良好，越接近 1 越好
	NFI	越接近 1 越好
	CFI	越接近 1 越好
	IFI	越接近 1 越好
精简拟合度 指标	AIC	AIC 越小越好，用来比较多个模型
	CAIC	CAIC 越小越好，用来比较多个模型

表 5 - 9　　　　　　　　　　　　拟合度判断结论

判断指标及值		判断结论
绝对拟合度 指标	$x^2 = P = 0 < 0.05$	模型拟合度不佳（删除异常值之后，可能会受样本数量的影响，故还需参考其他指标）
	GFI = 0.796 < 0.9	模型拟合度不佳
	RMR = 1.196 > 0.05	模型拟合度不佳
	RMSEA = 0.139	模型拟合度欠佳
增值拟合度 指标	AGFI = 0.710 < 0.9	模型拟合度不佳
	NFI = 0.828	离 1 尚有差距，模型拟合度欠佳
	CFI = 0.845	仍需再靠近 1，模型拟合度欠佳
	IFI = 0.846	仍需再靠近 1，模型拟合度欠佳
精简拟合度 指标	AIC = 656.004	数值偏大，但要比较多个模型后才能下最终结论
	CAIC = 807.901	数值偏大，但要比较多个模型后才能下最终结论

表 5 - 10　　　　　　　　　　　　CMIN

Model	NPAR	CMIN	DF	P	CMIN/DF
Default model	31	594.004	74	0.000	8.027
Saturated model	105	0.000	0		
Independence model	14	3448.435	91	0.000	37.895

表 5 – 11　　　　　　　　　　　　　RMR, GFI

Model	RMR	GFI	AGFI	PGFI
Default model	1. 196	0. 796	0. 710	0. 561
Saturated model	0. 000	1. 000		
Independence model	8. 813	0. 241	0. 125	0. 209

表 5 – 12　　　　　　　　　　　　Baseline Comparisons

Model	NFI Delta1	RFI rho1	IFI Delta2	TLI rho2	CFI
Default model	0. 828	0. 788	0. 846	0. 810	0. 845
Saturated model	1. 000		1. 000		1. 000
Independence model	0. 000	0. 000	0. 000	0. 000	0. 000

表 5 – 13　　　　　　　　　　　　　RMSEA

Model	RMSEA	LO 90	HI 90	PCLOSE
Default model	0. 139	0. 129	0. 149	0. 000
Independence model	0. 318	0. 309	0. 328	0. 000

表 5 – 14　　　　　　　　　　　　　AIC

Model	AIC	BCC	BIC	CAIC
Default model	656. 004	658. 668	776. 901	807. 901
Saturated model	210. 000	219. 026	619. 489	724. 489
Independence model	3476. 435	3477. 638	3531. 033	3545. 033

　　综合上述多个拟合度指标的分析，得出如下结论：在删除异常值后所建立的模型虽然符合正态分布以及并无违反估计的变量存在，但整体而言，本研究所建立的结构方程模型的拟合度不佳，可能模型不适合数据，因此下一步必须对研究所建立的模型进行修正。

第6章 模型修正

根据第5章的报表分析，显示原来建立的模型拟合度不佳，本章的主要任务就是利用修正指标对模型进行修正。

6.1 释放限制

在处理完所有异常值之后，本研究所使用的问卷共保留了365份样本，在AMOS的工具箱中点击"Calculate estimates"的图示执行计算估计值的任务后会在输出窗口中产生如下报表：

Notes for Group（Group number 1）

The model is recursive.

Sample size = 365

Notes for Model（Default model）

Computation of degrees of freedom（Default model）

Number of distinct sample moments：105

Number of distinct parameters to be estimated：31

Degrees of freedom（105 − 31）：74

Result（Default model）

Minimum was achieved

Chi-square = 594. 004

Degrees of freedom = 74

Probability level = 0. 000

由以上报表可知，该模型中的 Chi-square = 594. 004（大得惊人），而显著性水平 Probability level = 0. 000 < 0. 05，故在理论上这是一个必须拒绝的模型。同时根据第5章报表分析中的"表5 − 9：拟合度判断结论"，绝大多数拟合度指标显示该模型拟合度不佳。为此，本书的主要任务在于：减少 Chi-square

值，增加 P 值。如何实现这一目标呢？根据荣泰生等学者的经验介绍，其主要做法就是先尝试释放限制：即释放误差项之间没有关系或误差项之间关系固定为 0 的限制，在误差项之间建立关系。点击输出窗口中"修正指标"（Modification Indices）之后，将产生如表 6 - 1 所示的报表：

表 6 - 1   **Covariances：（Group number 1 - Default model）**

	M. I.	Par Change
e11 ↔ 生计政策	9.432	2.545
e11 ↔ e15	17.262	-1.606
e11 ↔ e16	26.861	-2.155
e12 ↔ e15	6.585	0.598
e12 ↔ e16	7.930	0.722
e12 ↔ e11	22.882	-2.809
e13 ↔ e15	6.192	0.561
e13 ↔ e16	4.087	0.490
e13 ↔ e12	33.405	1.979
e14 ↔ e16	5.668	0.236
e14 ↔ e10	7.871	0.487
e14 ↔ e11	6.249	-0.557
e14 ↔ e12	11.699	0.460
e5 ↔ e15	8.612	0.732
e5 ↔ e16	56.331	2.173
e5 ↔ e3	5.110	-0.855
e5 ↔ e12	60.212	3.030
e5 ↔ e13	5.088	0.853
e5 ↔ e14	4.859	0.324
e6 ↔ e15	9.543	-0.632
e6 ↔ e10	5.507	1.009
e6 ↔ e13	12.607	-1.143
e7 ↔ e16	12.583	-0.505

	M. I.	Par Change
e7 ↔ e3	4. 726	− 0. 406
e7 ↔ e10	4. 039	− 0. 501
e7 ↔ e5	8. 148	− 0. 599
e8 ↔ e16	7. 212	− 0. 753
e8 ↔ e10	8. 864	− 1. 457
e8 ↔ e13	9. 845	1. 149
e8 ↔ e14	5. 613	− 0. 337
e8 ↔ e6	12. 149	− 1. 221
e8 ↔ e7	5. 973	0. 497
e9 ↔ e15	5. 003	0. 540
e9 ↔ e13	18. 236	1. 586
e9 ↔ e6	15. 014	− 1. 373
e9 ↔ e8	**74. 734**	**3. 498**
e4 ↔ e3	8. 653	− 1. 140
e4 ↔ e10	7. 972	1. 497
e4 ↔ e11	5. 363	1. 576
e4 ↔ e13	15. 837	− 1. 580
e4 ↔ e14	5. 472	0. 361
e4 ↔ e6	12. 155	1. 329
e4 ↔ e8	4. 752	− 0. 945
e2 ↔ e15	8. 471	− 0. 430
e2 ↔ e16	5. 435	− 0. 398
e2 ↔ e3	34. 600	1. 201
e2 ↔ e14	12. 891	− 0. 314
e2 ↔ e4	8. 506	− 0. 754
e1 ↔ e15	36. 538	1. 844
e1 ↔ e3	34. 653	− 2. 619

续表

	M. I.	Par Change
e1 ↔ e10	6. 564	1. 555
e1 ↔ e6	7. 567	1. 200
e1 ↔ e7	29. 879	1. 383
e1 ↔ e4	65. 330	4. 320
e1 ↔ e2	10. 839	− 0. 978

6.1.1　第一次释放限制

在表 6 - 1 中，Par Change 是指当误差项之间建立关系时（如 e9 与 e8 之间建立关系时）对应的协方差的增减情况（如 e9 与 e8 之间协方差增加3. 498），而 M. I. 是指如果建立某两个误差项之间的关系时 Chi-square 值减少的情况（如 e9 与 e8 之间建立关系时，Chi-square 值减少 74. 734）。

在释放限制的过程中，为更好地实现 "减少 Chi-square 值，增加 P 值" 的目标，首先尝试释放表 6 - 1 中 M. I. 一列中最大数值对应的误差项之间的关系（如果最大数值对应的是误差项与潜变量的关系，千万不要在它们之间建立联系，因为这样做会违反结构方程模型中 "残差于潜变量无关" 的假设），然后执行计算估计值后再次观察 Chi-square 值和 P 值的变化情况。根据表 6 - 1，笔者尝试在 e9 与 e8 之间建立关系，这样构建的模型如图 6 - 1 所示。

从图 6 - 1 可知，在 e9 与 e8 之间建立关系后，模型的 Chi-square 值和 P 值均未达到预期的效果：Chi-square 值虽然减少，但依然很大，且 P 值仍然小于0. 05，RMR > 0. 05，GFI < 0. 9。故在释放一次限制后，该模型依然拟合度不佳。下一步应考虑第二次释放限制。

6.1.2　第二次释放限制

如表 6 - 2 显示，M. I. 一列中最大数值为 62. 837，对应的误差项即 e1 与e4 建立关系时，对应的协方差增加 4. 192，Chi-square 值减少 62. 837。执行计算估计值后观察 Chi-square 值和 P 值的变化情况发现，Chi-square 仍然高达437. 912，而 P 值也未达到预期目标即大于 0. 05，同时 RMR > 0. 05，GFI < 0. 9（见图 6 - 2），故第二次释放后该模型依然与数据拟合不好。在这种情况下，可以考虑对原有建构的模型进行精简。

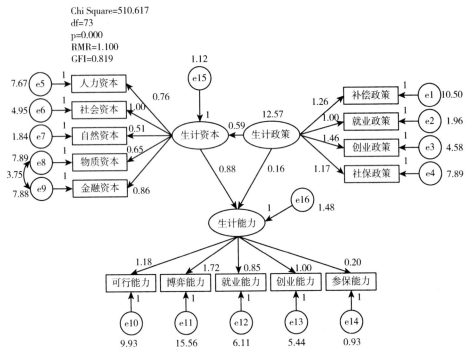

图 6 - 1　释放限制 1 次后模型的路径系数（估计值：Unstandardized estimates）

表 6 - 2　　　　　　　Covariances：（Group number 1 - Default model）

	M. I.	Par Change
e11　↔　生计政策	9.018	2.478
e11　↔　e15	21.590	- 1.709
e11　↔　e16	26.902	- 2.114
e12　↔　e15	9.490	0.688
e12　↔　e16	7.382	0.687
e12　↔　e11	23.421	- 2.834
e13　↔　e16	5.392	0.559
e13　↔　e3	4.858	0.751
e13　↔　e12	34.881	2.039
e14　↔　e16	5.021	0.218

续表

	M. I.	Par Change
e14 ↔ e10	7. 422	0. 471
e14 ↔ e11	6. 807	− 0. 579
e14 ↔ e12	11. 444	0. 454
e5 ↔ e15	20. 947	1. 092
e5 ↔ e16	49. 235	1. 990
e5 ↔ e3	5. 779	− 0. 913
e5 ↔ e12	58. 728	2. 979
e5 ↔ e13	5. 594	0. 897
e5 ↔ e14	4. 176	0. 299
e6 ↔ e12	4. 634	− 0. 703
e6 ↔ e13	12. 302	− 1. 116
e7 ↔ e16	13. 836	− 0. 526
e7 ↔ e3	4. 693	− 0. 412
e7 ↔ e10	5. 089	− 0. 566
e7 ↔ e5	6. 442	− 0. 537
e8 ↔ e16	7. 652	− 0. 689
e8 ↔ e10	7. 080	− 1. 165
e8 ↔ e7	13. 590	0. 682
e9 ↔ e16	9. 186	0. 762
e9 ↔ e13	10. 165	1. 069
e9 ↔ e5	5. 184	0. 850
e4 ↔ e3	8. 960	− 1. 163
e4 ↔ e10	7. 125	1. 403
e4 ↔ e11	4. 694	1. 463
e4 ↔ e13	15. 861	− 1. 585
e4 ↔ e14	5. 036	0. 344
e4 ↔ e6	10. 044	1. 180
e2 ↔ e15	10. 469	− 0. 461
e2 ↔ e16	4. 927	− 0. 376
e2 ↔ e3	39. 508	1. 307

续表

	M. I.	Par Change
e2 ↔ e14	13. 372	− 0. 321
e2 ↔ e4	9. 392	− 0. 793
e1 ↔ e15	39. 840	1. 839
e1 ↔ e3	35. 344	− 2. 653
e1 ↔ e10	5. 858	1. 456
e1 ↔ e6	7. 409	1. 160
e1 ↔ e7	29. 835	1. 389
e1 ↔ e4	**62. 837**	**4. 192**
e1 ↔ e2	12. 045	− 1. 031

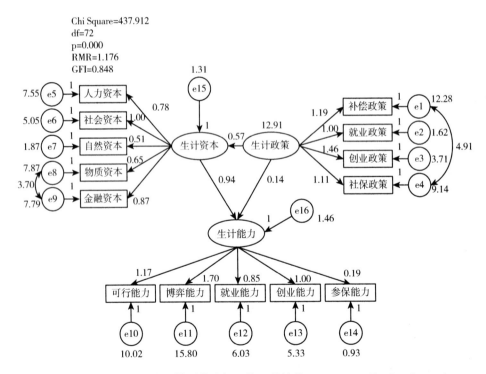

图 6 - 2 释放限制 2 次后模型的路径系数（估计值：Unstandardized estimates）

6.2 模型精简

从理论上讲，模型越精简，对模型拟合度越有利。假定，原有模型之所以拟合度不佳，很可能是因为模型太复杂，故必须重新调整模型构建的思路和原有的部分研究假设。根据图 6−2，笔者尝试将原有观测变量进行整合：使观测变量的数量减少从而使模型的自由度 df 变小并最终实现减少 Chi-square 值和增加 P 值的目的。其精简的思路如下所示：假设"生计资本"这个潜在变量包含两个观测变量即"非金融资本"和"金融资本"；假设"生计政策"这个潜在变量包含两个观测变量即"货币补偿政策"和"非货币补偿政策"；假设"生计能力"这个潜在变量包含两个观测变量即"生存能力"和"博弈能力"。并按照以下整合思路逐一执行 SPSS 中的 COMPUTE 功能：

金融资本 = 金融资本 + 自然资本 4①

非金融资本 = 人力资本 + 社会资本 + 物质资本

货币补偿政策 = 补偿政策②

非货币补偿政策 = 就业政策 + 创业政策 + 社保政策

生存能力 = 可行能力 + 就业能力 + 创业能力 + 参保能力

博弈能力 = 博弈能力③

根据以上精简思路，原有的模型将修改成如图 6−3 所示的精简模型：

6.2.1 精简模型的信度分析

为了保证精简模型的数据信度，本书仍然采用"从观测变量等具体项目到潜变量再到整体问卷的信度检测"方法再次对题项（因子）集成的因素（已经做了部分调整）进行信度检验，确保每一个观测变量、潜变量即若干题项集结成的每一个因素以及整体问卷均具有较高的信度。其测试信度的标准为 Cronbach's α 系数（Alpha 值）：当 Cronbach's α 值 ≥ 0.70 时，属于高信度；0.35 ≤ Cronbach's α 值 < 0.70 时，属于尚可；Cronbach's α 值 < 0.35 则为低信度。④

---

① "自然资本 4"对应的题项内容为"被征的土地获得的征地补偿款?"。根据其题项内容把它归为"金融资本"更妥。

② 原观测变量"补偿政策"问及的主要是与货币补偿有关的政策。

③ "博弈能力"这个观测变量的题项未进行增减。

④ J. P. Gilford, Psychometric Methods, 2 nd ed. (New York, NY: McGraw - Hill, 1954).

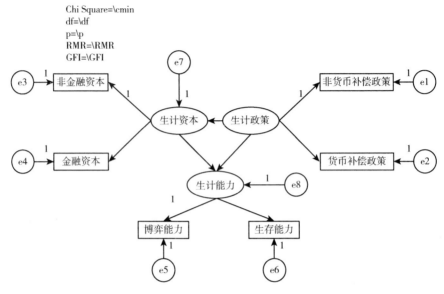

图 6 - 3　完整构建的精简模型

在 SPSS 中如何操作已经在第 3 章"信度检验"中做了详细介绍。其信度分析结果如表 6 - 3 所示。从该表中可知,该模型中所有的观测变量、潜变量以及整份问卷的所有变量均具有大于 0.7 的高信度,同时均没有出现"如果删除了这个变量(项目)后该值(Cronbach's Alpha 值)大于原来的值"的变量,问卷中已经没有降低变量信度的题项,这样确保了用于模型分析的问卷就Cronbach's Alpha 值的信度标准而言没有任何问题。

表 6 - 3　从观测变量到整份问卷(精简模型的所有变量)信度检验汇总

变量类型	变量名称	Cronbach's Alpha 值	信度判断结论	列入检验的题项(表 3 - 50 中对应的题项)	降低变量信度的题项
观测变量	非金融资本	0.889	高信度	Q1 - Q8,Q12 - Q19	—
	金融资本	0.835	高信度	Q10,Q20 - Q26	—
	货币补偿政策	0.935	高信度	Q27 - Q33	—
	非货币补偿政策	0.959	高信度	Q34 - Q53	—
	博弈能力	0.961	高信度	Q60 - Q66	—
	生存能力	0.912	高信度	Q54 - Q59,Q67 - Q76	—

续表

变量类型	变量名称	Cronbach's Alpha 值	信度判断结论	列入检验的题项 （表 3 - 50 中对应的题项）	降低变量 信度的 题项
潜变量	生计资本	0.924	高信度	Q1 - Q8，Q10，12 - Q26	—
	生计政策	0.967	高信度	Q27 - Q53	—
	生计能力	0.945	高信度	Q54 - Q76	—
所有变量	整份问卷 （样本数 611， 题项为 74）	0.977	高信度	Q1 - Q8，Q10，12 - Q76	—

6.2.2 精简模型的违反估计分析

从表 6 - 4 可知：模型中误差方差的测量误差 "S. E." 全部为正数；另外从表 6 - 5 可知，标准化回归系数的 "Estimate" 值最大为 0.923，最小为 0.444，其值均未超过 0.95。故可判定此模型未 "违反估计"。

表 6 - 4   误差方差 "Variances：（Group number 1 - Default model）"

	Estimate	S. E.	C. R.	P	Label
生计政策	233.204	17.034	13.690	***	par_7
e7	28.657	3.283	8.729	***	par_8
e8	26.495	4.302	6.159	***	par_9
e4	9.427	0.769	12.259	***	par_10
e3	16.452	2.379	6.916	***	par_11
e5	28.951	2.092	13.837	***	par_12
e1	51.944	6.424	8.085	***	par_13
e2	13.565	1.111	12.209	***	par_14
e6	39.655	4.518	8.776	***	par_15

表6-5　　　标准化回归系数"Standardized Regression Weights：
（Group number 1 – Default model）"

	Estimate
生计资本 ← 生计政策	0.836
生计能力 ← 生计资本	0.444
生计能力 ← 生计政策	0.473
金融资本 ← 生计资本	0.847
货币补偿政策 ← 生计政策	0.840
非金融资本 ← 生计资本	0.923
博弈能力 ← 生计能力	0.754
生存能力 ← 生计能力	0.864
非货币补偿政策 ← 生计政策	0.904

6.2.3　精简模型的正态性检验

对于模型的正态性检验，已在第5章交代了采用如下判断标准：若在Multivariate一栏发现代表偏度系数或峰度系数除以标准误的临界值 c. r. 大于2，视为违反正态分布并暗示某些单变量存在需要处理的异常值。表6-6显示，在 Multivariate 一栏中，c. r. 等于17.502，远大于2。故可以判断原始数据的变量不符合正态分布的假设。因此必须对异常值进行处理后才能正式进行模型拟合分析。

表6-6　　　正态性估计"Assessment of normality（Group number 1）"

Variable	min	max	skew	c. r.	kurtosis	c. r.
生存能力	16.000	111.000	0.402	4.059	0.766	3.864
货币补偿政策	7.000	49.000	0.694	7.004	0.849	4.282
非货币补偿政策	20.000	136.000	1.051	10.607	1.646	8.304
博弈能力	7.000	49.000	0.569	5.747	-0.005	-0.023
非金融资本	16.000	112.000	1.495	15.083	5.789	29.209
金融资本	8.000	56.000	1.644	16.592	5.072	25.592
Multivariate					13.875	17.502

6.2.4　精简模型的异常值处理

第 5 章已经对异常值的处理做了如下介绍：对于异常值的处理方法，主要是通过查看 " Observations farthest from the centroid（Mahalanobis distance）（Group number 1）" 中的值。具体操作方法为：因 P2 比 P1 在辨别非正态分布的个案时更具敏感性，故先按输出报表中个案出现的先后顺序逐一删除 P2 列中所有数值小于 0.05 的个案①，待 P2 列中所有数值大于或等于 0.05 后再按输出报表中个案出现的先后顺序逐一删除 P1 列中所有数值小于 0.05 的个案，直到 P1、P2 列中所有的个案对应的数值均大于或等于 0.05。由于某个个案的异常值的删除可能会导致其他个案产生新的异常值或导致其他原本有异常值的个案因某个个案的删除而变成无异常值的个案。因此逐一删除即一次删除一个后再检查 P2 或 P1 列中对应值，确保不要误删数据，如表 6 - 7、表 6 - 8 所示。

表 6 - 7　　　　　　　异常值处理前距离群体重心最远之观察值
"Observations farthest from the centroid
（Mahalanobis distance）（Group number 1）"部分输出报表 1

Observation number	Mahalanobis d-squared	p1	p2
256	58. 285	0. 000	0. 000
186	36. 555	0. 000	0. 000
190	32. 694	0. 000	0. 000
20	29. 420	0. 000	0. 000
17	28. 887	0. 000	0. 000
511	28. 410	0. 000	0. 000
216	26. 742	0. 000	0. 000
254	24. 987	0. 000	0. 000
162	24. 606	0. 000	0. 000
19	22. 079	0. 001	0. 000
598	22. 023	0. 001	0. 000

---

①　个案编号就是问卷在 SPSS 软件中呈现的编码顺序，如表 6 - 7 中第 256、第 511 个编码，其个案在输出报表中呈现的顺序分别为 1、2。

续表

Observation number	Mahalanobis d-squared	p1	p2
411	20. 126	0. 003	0. 000
422	19. 101	0. 004	0. 000
71	19. 009	0. 004	0. 000
608	18. 972	0. 004	0. 000
65	18. 706	0. 005	0. 000
183	18. 574	0. 005	0. 000
539	18. 509	0. 005	0. 000
247	18. 265	0. 006	0. 000
474	18. 049	0. 006	0. 000
236	17. 623	0. 007	0. 000
72	17. 557	0. 007	0. 000
260	16. 909	0. 010	0. 000
221	16. 855	0. 010	0. 000
338	16. 797	0. 010	0. 000
133	15. 918	0. 014	0. 000
51	15. 841	0. 015	0. 000
429	15. 408	0. 017	0. 000
4	15. 124	0. 019	0. 000
311	15. 014	0. 020	0. 000
233	14. 848	0. 021	0. 000
488	14. 738	0. 022	0. 000
519	14. 468	0. 025	0. 000
516	14. 312	0. 026	0. 000
226	14. 018	0. 029	0. 000
70	14. 010	0. 030	0. 000
188	13. 998	0. 030	0. 000
228	13. 936	0. 030	0. 000

Observation number	Mahalanobis d-squared	p1	p2
176	13.753	0.033	0.000
132	13.711	0.033	0.000
120	13.234	0.039	0.001
479	13.233	0.039	0.000
261	12.824	0.046	0.004
486	12.727	0.048	0.005
596	12.602	0.050	0.007
390	12.593	0.050	0.004
35	12.494	0.052	0.005
587	12.426	0.053	0.005
520	12.271	0.056	0.009
209	12.073	0.060	0.019
305	11.917	0.064	0.032
327	11.794	0.067	0.045
257	11.765	0.067	0.038
425	11.653	0.070	0.050
50	11.410	0.076	0.120
284	11.190	0.083	0.229
49	11.169	0.083	0.204
462	11.138	0.084	0.188
297	11.122	0.085	0.163
314	11.006	0.088	0.209
586	11.005	0.088	0.173
549	10.965	0.089	0.166
303	10.959	0.090	0.138
267	10.832	0.094	0.191
542	10.741	0.097	0.227

Observation number	Mahalanobis d-squared	p1	p2
235	10.705	0.098	0.219
572	10.684	0.099	0.197
124	10.630	0.101	0.204
521	10.526	0.104	0.257
294	10.433	0.108	0.307
241	10.405	0.109	0.291
126	10.374	0.110	0.279
517	10.336	0.111	0.275
418	10.334	0.111	0.236
135	10.205	0.116	0.327
610	10.035	0.123	0.483
127	9.961	0.126	0.527
579	9.953	0.127	0.489
388	9.888	0.129	0.522
457	9.821	0.132	0.561
5	9.801	0.133	0.539
466	9.784	0.134	0.513
537	9.738	0.136	0.526
211	9.687	0.138	0.546
551	9.557	0.145	0.667
85	9.483	0.148	0.714
423	9.434	0.151	0.731
541	9.423	0.151	0.704
465	9.398	0.152	0.695
355	9.381	0.153	0.675
286	9.372	0.154	0.645
609	9.332	0.156	0.655

Observation number	Mahalanobis d-squared	p1	p2
397	9. 098	0. 168	0. 867
109	9. 081	0. 169	0. 855
98	9. 074	0. 169	0. 835
74	9. 064	0. 170	0. 816
473	8. 994	0. 174	0. 852
464	8. 953	0. 176	0. 861
187	8. 819	0. 184	0. 929
600	8. 799	0. 185	0. 924

表 6 - 8　　　　　　异常值处理后距离群体重心最远之观察值
"Observations farthest from the centroid
(Mahalanobis distance)（Group number 1）"部分输出报表 1

Observation number	Mahalanobis d-squared	p1	p2
14	12. 577	0. 050	1. 000
488	12. 555	0. 051	1. 000
194	12. 516	0. 051	1. 000
325	12. 392	0. 054	1. 000
317	12. 373	0. 054	1. 000
361	12. 304	0. 056	1. 000
58	12. 292	0. 056	1. 000
461	12. 114	0. 059	1. 000
92	12. 109	0. 060	1. 000
176	12. 080	0. 060	1. 000
276	11. 989	0. 062	1. 000
425	11. 898	0. 064	1. 000
128	11. 875	0. 065	1. 000
439	11. 844	0. 066	1. 000

续表

Observation number	Mahalanobis d-squared	p1	p2
69	11. 828	0. 066	1. 000
344	11. 827	0. 066	1. 000
102	11. 804	0. 066	0. 999
39	11. 775	0. 067	0. 999
67	11. 537	0. 073	0. 999
421	11. 535	0. 073	0. 999
46	11. 434	0. 076	0. 999
410	11. 423	0. 076	0. 998
432	11. 286	0. 080	0. 998
37	11. 270	0. 080	0. 997
240	11. 264	0. 081	0. 996
74	11. 224	0. 082	0. 994
51	11. 189	0. 083	0. 992
231	11. 183	0. 083	0. 987
473	11. 161	0. 084	0. 982
346	11. 148	0. 084	0. 974
232	11. 131	0. 084	0. 965
454	11. 094	0. 086	0. 957
424	11. 087	0. 086	0. 940
183	11. 050	0. 087	0. 929
479	11. 000	0. 088	0. 921
71	10. 990	0. 089	0. 897
120	10. 975	0. 089	0. 871
281	10. 963	0. 090	0. 840
480	10. 962	0. 090	0. 797
140	10. 844	0. 093	0. 829
253	10. 819	0. 094	0. 803

续表

Observation number	Mahalanobis d-squared	p1	p2
162	10.761	0.096	0.797
371	10.737	0.097	0.769
52	10.736	0.097	0.719
129	10.723	0.097	0.676
413	10.659	0.099	0.678
394	10.658	0.100	0.622
177	10.651	0.100	0.570
362	10.632	0.100	0.529
384	10.632	0.100	0.469
127	10.579	0.102	0.463
442	10.524	0.104	0.462
191	10.500	0.105	0.428
386	10.417	0.108	0.457
359	10.370	0.110	0.449
40	10.360	0.110	0.403
87	10.344	0.111	0.366
214	10.277	0.113	0.380
472	10.257	0.114	0.348
416	10.162	0.118	0.394
217	10.161	0.118	0.343
230	10.095	0.121	0.360
372	10.092	0.121	0.313
228	10.057	0.122	0.300
383	10.020	0.124	0.290
151	10.009	0.124	0.255
190	9.998	0.125	0.223
411	9.962	0.126	0.214

续表

Observation number	Mahalanobis d-squared	p1	p2
437	9.887	0.130	0.240
44	9.855	0.131	0.229
357	9.850	0.131	0.195
174	9.834	0.132	0.173
55	9.818	0.133	0.153
377	9.800	0.133	0.136
170	9.799	0.133	0.110
350	9.782	0.134	0.096
470	9.687	0.138	0.126
273	9.621	0.142	0.142
50	9.567	0.144	0.151
263	9.558	0.145	0.129
481	9.514	0.147	0.132
179	9.449	0.150	0.149
212	9.446	0.150	0.124
349	9.435	0.151	0.107
207	9.385	0.153	0.114
445	9.380	0.153	0.095
109	9.367	0.154	0.082
343	9.329	0.156	0.082
304	9.240	0.161	0.110
419	9.218	0.162	0.101
282	9.199	0.163	0.092
393	9.080	0.169	0.144
168	9.068	0.170	0.128
396	9.063	0.170	0.108
251	9.041	0.171	0.100

Observation number	Mahalanobis d-squared	p1	p2
485	8.978	0.175	0.117
469	8.875	0.181	0.169
271	8.851	0.182	0.161
482	8.834	0.183	0.148
43	8.814	0.184	0.138

6.2.5 异常值处理后精简模型正态性的再次估计

采用第 5 章异常值处理的方法后，发现分数加总后的原始数据文件共有 122 个个案被删除，共保留 489（611－122）个个案后，P2 与 P1 列中均未发现大于 0.05 的值（见表 6－9）。再查看异常值删除后的表 6－10，可以发现在 Multivariate 一栏中，c.r. 等于 －3.354，远远小于 2，且所有偏度系数小于 3，峰度系数小于 8。故可以判断原始数据的变量已不存在需要处理的异常值。

表 6－9   正态性估计"Assessment of normality（Group number 1）"

Variable	min	max	skew	c.r.	kurtosis	c.r.
生存能力	16.000	70.000	0.056	0.507	－0.428	－1.934
货币补偿政策	7.000	29.000	0.265	2.397	－0.849	－3.831
非货币补偿政策	20.000	75.000	0.514	4.636	－0.469	－2.117
博弈能力	7.000	34.000	0.292	2.637	－1.035	－4.670
非金融资本	16.000	56.000	0.240	2.168	－0.062	－0.278
金融资本	8.000	25.000	0.588	5.304	－0.138	－0.622
Multivariate					－2.972	－3.354

6.2.6 异常值处理后精简模型违反估计的再次分析

异常值处理后需要对精简模型再次进行违反估计分析。再次查看异常值处理后有无违反估计的现象后发现：无负的误差方差存在；无标准化系数超过 0.95。从表 6－10 可知：模型中误差方差的测量误差"S.E."全部为正数；

另外从表 6-11 可知，标准化回归系数的 "Estimate" 值最大为 0.910，最小为 0.487，其值均未超过 0.95。故可判定异常值处理后该精简模型未 "违反估计"。至此，该原始数据的变量符合正态分布的假设，下一步可以考虑计算模型的信度。

表 6-10   误差方差 "Variances：（Group number 1 – Default model）"

	Estimate	S. E.	C. R.	P	Label
生计政策	139.032	11.563	12.024	***	par_7
e7	18.929	2.550	7.423	***	par_8
e8	12.849	3.146	4.084	***	par_9
e4	6.076	0.515	11.792	***	par_10
e3	13.969	2.056	6.796	***	par_11
e5	18.740	1.624	11.538	***	par_12
e1	28.946	4.993	5.798	***	par_13
e2	10.490	0.933	11.240	***	par_14
e6	38.290	3.797	10.085	***	par_15

表 6-11   标准化回归系数 "Standardized Regression Weights：（Group number 1 – Default model）"

	Estimate
生计资本 ← 生计政策	0.765
生计能力 ← 生计资本	0.487
生计能力 ← 生计政策	0.488
金融资本 ← 生计资本	0.760
货币补偿政策 ← 生计政策	0.806
非金融资本 ← 生计资本	0.875
博弈能力 ← 生计能力	0.785
生存能力 ← 生计能力	0.822
非货币补偿政策 ← 生计政策	0.910

6.2.7 异常值处理后精简模型的信度计算

处理完异常值之后，为了判断模型内在质量的优劣，需要计算潜在变量的信度。潜在变量信度的计算一般采用"构建信度"计算法和"平均方差提取"计算法。"构建信度"计算法主要利用报表中的因素负荷量即标准化回归系数表中的估计值（见表 6 – 11）来计算潜在变量的组合信度（composite reliability），该信度就是本书所称的构建信度（construct reliability），即建构效度中信度的这一部分。"平均方差提取"（average variance extracted）主要用来解释潜在变量所解释的变异量中有多少变异量来自于指标变量。以上两种信度的计算方法在第 5 章已经做了详细介绍。

根据第 5 章的信度计算公式和异常值处理后的有关报表（见表 6 – 11），计算出生计政策、生计能力、生计资本这三个潜在变量的构建信度分别为 0.849、0.785、0.803；而其"平均方差提取"信度则分别为 0.739、0.646、0.672。很明显，无论是"构建信度"（判断标准为大于临界线 0.6）还是"平均方差提取"信度（判断标准为大于临界线 0.5），生计政策、生计能力、生计资本这三个潜在变量均具有很高的信度，说明其在模型中的内在质量很好。

6.2.8 异常值处理后精简模型的修正

执行"计算估计值"（Calculate Estimates）命令（点选图示）后，点击浏览输出路径图标可以清晰地显示模型的路径系数（其中未标准化系数或非标准化因素负荷量见图 6 – 4，标准化系数或标准化因素负荷量见图 6 – 5）。

从图 6 – 5 可知，该模型中的 Chi-square = 22.312，而显著性水平 Probability level = 0.001 < 0.05，未达到理想模型的水平。根据 6.1 节中的观点，要实现减少 Chi-square 值并且增加 P 值的目标，可以使用"释放限制"的方法：即释放误差项之间没有关系或误差项之间关系固定为 0 的限制，在误差项之间建立关系。点击输出窗口中"修正指标"（Modification Indices）之后，产生如表 6 – 12 所示的报表：

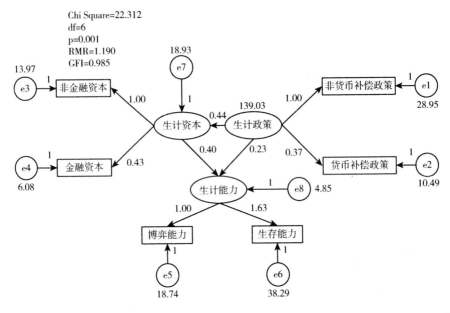

图6-4 异常值处理后精简模型修正前的路径系数（估计值：Unstandardized estimates）

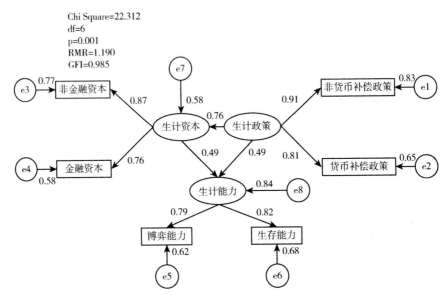

图6-5 异常值处理后精简模型修正前的路径系数（估计值：Standardized estimates）

表 6 – 12　　　　　　Covariances：（Group number 1 – Default model）

	M. I.	Par Change
e6 ↔ e7	4. 444	3. 886
e2 ↔ e8	5. 980	– 2. 523
e5 ↔ e7	5. 328	– 2. 863
e5 ↔ e1	**8. 415**	**4. 835**

6. 2. 8. 1　异常值处理后精简模型第一次释放限制

参照本章第 1 节的做法，可以首先尝试释放表 6 – 12 中 M. I. 一列中最大数值对应的误差项之间的关系（如果最大数值对应的是误差项与潜变量的关系，千万不要在它们之间建立联系，因为这样做会违反结构方程模型中"残差于潜变量无关"的假设），然后执行计算估计值后再次观察 Chi-square 值和 P 值的变化情况。根据表 6 – 12，笔者尝试在 e5 与 e1 建立关系，这样构建的模型及其输出的路径系数如图 6 – 6、图 6 – 7 所示。

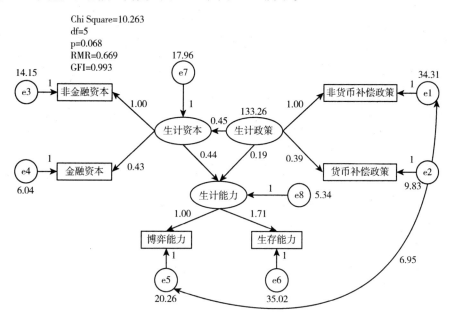

图 6 – 6　异常值处理后精简模型释放一次限制的路径系数

（估计值：Unstandardized estimates）

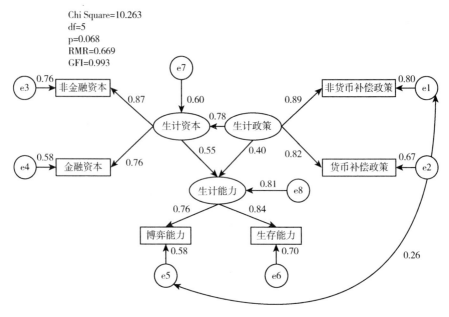

图 6 - 7 异常值处理后精简模型释放一次限制的路径系数
（估计值：Sstandardized estimates）

从图 6 - 7 可知，在 e5 与 e1 建立关系后，模型的 Chi-square 值和 P 值已经达到预期的效果：Chi-square 值虽然减少，且 P 值 = 0.068，大于 0.05，GFI > 0.9，但 RMR = 0.669 > 0.05。故在释放一次限制后，模型依然拟合度虽然基本达标，但仍然可能还有改善的空间。下一步可以再次点击输出窗口中"修正指标"（Modification Indices），查看是否可以进行第二次释放限制。

6.2.8.2 异常值处理后精简模型第二次释放限制

在表 6 - 13 显示，模型释放一次限制后仍然有释放限制的可能，对应的误差项即 e2 与 e6 建立关系时，对应的协方差减少 - 2.908，Chi-square 值减少 6.216。执行计算估计值后观察 Chi-square 值和 P 值的变化情况发现，Chi-square 已经降低至 0.944，而 P 值也增加到 0.918，远大于 0.05，同时 RMR 虽然仍然大于 0.05，但已降至 0.167，GFI = 0.999，不但大于 0.9 而且更接近 1。同时显示，残差项 e5 与 e1、e2 与 e6 分别有正相关和负相关的关系（见图 6 - 8、图 6 - 9、图 6 - 10），故可初步判断两次释放后该模型与数据拟合不错。再次查看"修正指标"（Modification Indices）的报表，发现报表中已经再没有释放限制的必要了（如图6-8所示）。

表6-13　　　　　　　　**Covariances：（Group number 1 - Default model）**

	M. I.	Par Change
e2 ↔ e6	6. 216	- 2. 908

Modification Indices（Group number 1–Default model）
Covariances：（Group number 1–Default model）

M.I.Par Change

Variances：（Group number 1–Default model）

M.I.Par Change

Regression Weights：（Group number 1–Default model）

M.I.Par Change

图6-8　限制已释放完的"修正指标"报表

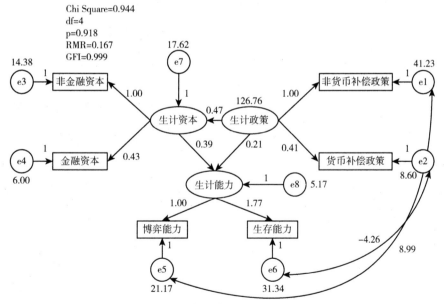

图6-9　异常值处理后精简模型释放两次限制的路径系数

（估计值：Unstandardized estimates）

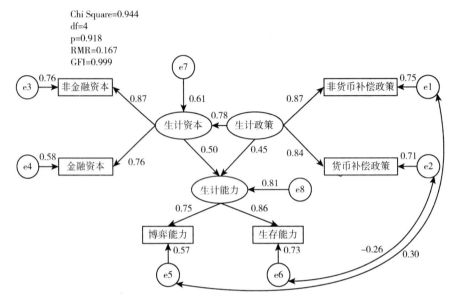

Chi Square=0.944
df=4
p=0.918
RMR=0.167
GFI=0.999

图6－10　异常值处理后精简模型释放两次限制的路径系数
（估计值：**Standardized estimates**）

6.2.9　异常值处理后经修正的精简模型拟合度分析

在模型修正的最后一个步骤中，还需要通过拟合度分析来最终判断该模型的优劣，以决定是否用于解释研究中需要研究的问题以及为撰写政策报告提供科学性强的咨询与建议。异常值处理后的精简模型经过两次释放限制的修正，模型与数据的拟合状况可能得到改善。这时，需要再次在报表输出窗口中，点击"模型拟合度摘要"（Model Fit Summary），在输出报表中可对与拟合度相关的指标进行分析并判断所建立的模型是否适合数据以及对它的内在质量进行评估。在拟合度的指标报表中，会呈现三种模型：Default model（预设模型）、Saturated model（饱和模型）、Independence model（独立模型）。我们主要通过Default model（预设模型）即本书所建立的模型所呈现的相关指标来进行拟合度指标分析。一般地，模型拟合度越高，则模型可用性越强。其分析依据主要参照表6－8：拟合度判断标准①。根据输出报表6－15、表6－16、表6－17、

————————————

① 荣泰生. AMOS 与研究方法 [M]. 重庆：重庆大学出版社，2009：128－129.

表 6 - 18、表 6 - 19，可对本书所建立的模型的拟合度做出如表 6 - 14 的判断结论。

表 6 - 14　　　　　**异常值处理后经修正的精简模型拟合度判断结论**

判断指标及值		判断结论
绝对拟合度指标	$x^2 = P = 0.918 > 0.05$	模型拟合度好
	GFI = 0.999 > 0.9	模型拟合度好
	RMR = 0.167 > 0.05	模型拟合度稍差
	RMSEA = 0.000	模型拟合度好
增值拟合度指标	AGFI = 0.997 > 0.9	模型拟合度好
	NFI = 0.999	模型拟合度好
	CFI = 1.000	模型拟合度好
	IFI = 1.002	模型拟合度好
精简拟合度指标	AIC = 34.944	数值不大，要比较多个模型后才能下最终结论
	CAIC = 123.214	数值不大，要比较多个模型后才能下最终结论

表 6 - 15　　　　　　　　　　　**CMIN**

Model	NPAR	CMIN	DF	P	CMIN/DF
Default model	17	0.944	4	0.918	0.236
Saturated model	21	0.000	0		
Independence model	6	1656.340	15	0.000	110.423

表 6 - 16　　　　　　　　　　　**RMR, GFI**

Model	RMR	GFI	AGFI	PGFI
Default model	0.167	0.999	0.997	0.190
Saturated model	0.000	1.000		
Independence model	36.274	0.363	0.108	0.259

表 6 – 17 **Baseline Comparisons**

Model	NFI Delta1	RFI rho1	IFI Delta2	TLI rho2	CFI
Default model	0. 999	0. 998	1. 002	1. 007	1. 000
Saturated model	1. 000		1. 000		1. 000
Independence model	0. 000	0. 000	0. 000	0. 000	0. 000

表 6 – 18 **RMSEA**

Model	RMSEA	LO 90	HI 90	PCLOSE
Default model	0. 000	0. 000	0. 024	0. 990
Independence model	0. 474	0. 454	0. 493	0. 000

表 6 – 19 **AIC**

Model	AIC	BCC	BIC	CAIC
Default model	34. 944	35. 439	106. 214	123. 214
Saturated model	42. 000	42. 611	130. 040	151. 040
Independence model	1668. 340	1668. 515	1693. 494	1699. 494

表 6 – 20 **报表中违反估计和正态性检验在模型修正前后的对比**

分析内容	判断标准	模型修正前				模型修正后	
		异常值处理前		异常值处理后		异常值处理后	
		结果	结论	结果	结论	结果	结论
违反估计	若在参数估计值中出现以下两种情况的一种或两种情况同时存在：1. 负的误差方差存在；2. 标准化系数超过0.95。则有"违反估计"的项目存在，即误差方差的估计值超出了可接受的范围，模型将获得不适当的解	"S. E."全为正数；0.444 < 估计值 < 0.923	未违反估计	"S. E."全为正数；0.487 < 估计值 < 0.910	未违反估计	"S. E."全为正数；0.451 < 估计值 < 0.869	未违反估计

续表

分析内容	判断标准	模型修正前				模型修正后	
		异常值处理前		异常值处理后		异常值处理后	
		结果	结论	结果	结论	结果	结论
正态性检验	若在 Multivariate 一栏发现代表偏度系数或峰度系数除以标准误的临界值 c. r. 大于 2,视为违反正态分布并暗示某些单变量存在需要处理的异常值	c. r. = 17.5 >2	违反正态分布,存在需处理的异常值	c. r. = -3.354 <2(且所有偏度系数小于 3,峰度系数小于 8)	符合正态分布,不存在需处理的异常值	c. r. = -3.354 <2(且所有偏度系数小于 3,峰度系数小于 8)	符合正态分布,不存在需处理的异常值

综上分析,得出如下结论:本研究在删除异常值后的精简模型在释放两次限制后不仅符合正态分布,以及并无违反估计的变量存在(见表 6 – 20),而且信度很高,同时综合多个拟合度指标的分析,其模型与数据的拟合度很好,是一个可以接受的模型。本书至此已经成功建立研究所需的结构方程模型。

6.2.10 异常值处理后经修正的精简模型的样本分布

本书在第 3 章就已经介绍了样本的分布情况。由于精简模型在异常值的处理中已经删除了原始数据文件的 122 个个案,数据的样本已经从原来的 611(611 是等距离抽样后的样本数)减少为异常值处理后的 489。故样本的分布已经发生变化。为了便于对所建立的结构方程模型进一步分析,本书在本章最后将列出精简模型在异常值处理前后的样本分布对照表(见表 6 – 20、表 6 – 21、表 6 – 22)。对表格中所涉及的数据及样本分布的解释可参照第 3 章的内容。

在被访问的失地农民中(每户只访问 1 人),担任"家长"的有 305 人,占 62.4%;不担任"家长"的有 184 人,占 37.6%;属于"完全失地"的失地农户共 273 户,占 55.8%,属于"部分失地"的失地农户共 216 户,占 44.2%;男性失地农民 292 人,占 59.7%,女性失地农民 197 人,占 40.3%,如表 6 – 21、表 6 – 22、表 6 – 23 所示。

表 6 - 21　　精简模型在异常值处理前后地级市的样本分布情况对照表

地级市	样本数（人）		占样本总数的百分比（%）	
	处理前	处理后	处理前	处理后
新余市	30	25	4.9	5.1
抚州市	75	53	12.3	10.8
赣州市	119	99	19.5	20.2
吉安市	46	36	7.5	7.4
景德镇市	42	31	6.9	6.3
九江市	74	63	12.1	12.9
南昌市	30	25	4.9	5.1
萍乡市	30	29	4.9	5.9
上饶市	60	52	9.8	10.6
宜春市	75	55	12.3	11.2
鹰潭市	30	21	4.9	4.3
合计	611	489	100.0	100.0

注：赣州市是江西省最大的地级市，共辖18个县、市、区。

表 6 - 22　　精简模型在异常值处理前后失地农民文化程度的样本分布情况对照表

文化程度	样本数（人）		占样本总数的百分比（%）		累积百分比（%）	
	处理前	处理后	处理前	处理后	处理前	处理后
文盲	61	53	10.0	10.8	10.0	10.8
小学	150	116	24.5	23.7	34.5	34.6
初中	261	213	42.7	43.6	77.3	78.1
高中或中专	118	95	19.3	19.4	96.6	97.5
大专	13	9	2.1	1.8	98.7	99.4
本科	7	3	1.1	0.6	99.8	100.0
研究生	1	0	0.2	0.0	100.0	
合计	611	489	100.0	100.0		

表 6 – 23　　　　　　**精简模型在异常值处理前后失地农民**
不同年龄段的样本分布情况对照表

年龄	样本数（人）		占样本总数的百分比（%）		累积百分比（%）	
	处理前	处理后	处理前	处理后	处理前	处理后
16 ~ 20	15	10	2.5	2.0	2.5	2.0
21 ~ 30	124	91	20.2	18.7	18.7	20.7
31 ~ 40	152	122	24.9	24.9	47.6	45.6
41 ~ 50	163	136	26.7	27.8	74.3	73.4
51 ~ 60	86	69	14.1	14.1	88.4	87.5
60 以上	71	61	11.6	12.5	100.0	100.0
合计	611	489	100.0	100.0		

第7章 研究结论

7.1 关于研究假设

结构方程模型主要用于验证性研究。在论证阶段，笔者曾经提出以下研究假设并预设了如图2-4的结构方程模型以及如图2-1、图2-2、图2-3这样的潜在变量关系图以及观测变量之间的关系图：

假设1（H1）：生计资本影响生计能力并且每类生计资本对每种生计能力均有不同程度的影响。

假设2（H2）：生计政策影响生计能力并且每类生计政策对每种生计能力均有不同程度的影响。

假设3（H3）：生计政策影响生计资本并且每类生计政策对每类生计资本均有不同程度的影响。

以上假设如果成立，那么失地农民关键生计要素间的关系就可以这样表述：生计政策既影响生计资本又影响生计能力；生计政策和生计资本均影响生计能力。

经研究，如图2-4的结构方程模型经过释放两次限制后仍然被拒绝（如图7-1）。

但精简之后的结构方程模型通过修正即释放两次限制后被接受（如图7-2）。

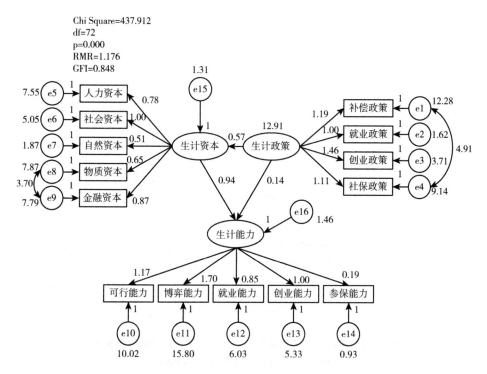

图 7 - 1　被拒绝的失地农民关键生计要素间的结构方程模型
（估计值：Unstandardized estimates）

因此，可以认为，原有的研究假设部分得到了验证。经过比对被拒绝和被接受的两个模型，可以得出这样的研究结论（也可以认为原有的研究假设将修正如下）：

结论1：生计资本影响生计能力。

结论2：生计政策影响生计能力，其中非货币补偿政策与博弈能力有正相关的关系，货币补偿政策与生存能力有负相关的关系。

结论3：生计政策影响生计资本。

结论4：失地农民关键生计要素间的关系就可以这样表述：生计政策既影响生计资本又影响生计能力；生计政策和生计资本均影响生计能力。

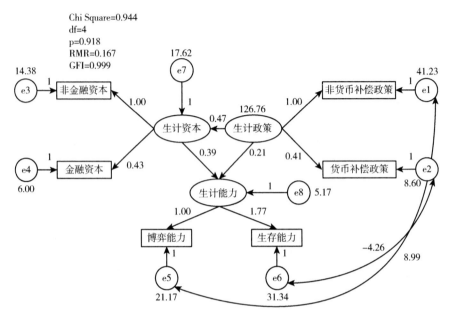

图 7 - 2　被接受的失地农民关键生计要素间的结构方程模型
（估计值：**Unstandardized estimates**）

7.2　关于模型拟合

综合多个拟合度指标的分析，得出如下结论：在研究论证中预设的模型（如图 2 - 4）在删除异常值后虽然符合正态分布以及并无违反估计的变量存在，但整体而言，该结构方程模型的拟合度不佳，可能模型不适合数据，因此必须对研究所建立的模型进行修正。该模型虽然经过释放两次限制的修正，模型依然与数据拟合不好。

原有模型之所以拟合度不佳，主要是因为模型太复杂，故必须重新调整模型构建的思路和原有的部分研究假设。将原有观测变量进行整合以达到精简模型的目的：使观测变量的数量减少从而使得模型的自由度 df 变小并最终实现减少 Chi-square 值和增加 P 值的目的。其精简的思路如下所示：假设"生计资本"这个潜在变量包含两个观测变量即"非金融资本"和"金融资本"；假设"生计政策"这个潜在变量包含两个观测变量即"货币补偿政策"和"非货币补偿政策";假设"生计能力"这个潜在变量包含两个观测变量即"生存能力"和"博弈能力"。这样原有预设模型中的15个观测变量在模型精简后变为6个观测变量,但作为失地农民关键生计要素的三个潜变量的名称和数量均不变。

研究结果表明,删除异常值后的精简模型在释放两次限制后不仅符合正态分布、也无违反估计的变量存在,而且信度很高,同时综合多个拟合度指标的分析,其模型与数据的拟合度很好,是一个可以接受的模型。本书至此已经成功建立研究所需的结构方程模型。

因此,对于失地农民关键生计要素的结构方程模型而言,模型越精简,对模型拟合度越有利。

7.3 关于模型解释

7.3.1 对呈现未标准化路径系数的模型解释

通过浏览图7-2中的结构方程模型和非标准化路径系数可以对精简模型做出如下解释和结论:

解释1:生计政策对生计资本有直接效应。

"生计政策"这个潜变量对"生计资本"这个潜变量的直接效应为0.47,这说明当其他条件不变时,"生计政策"这个潜变量每提升1个单位,"生计资本"这个潜变量就提升0.47个单位。

解释2:生计政策对生计能力有直接效应。

"生计政策"这个潜变量对"生计能力"这个潜变量的直接效应为0.21,这说明当其他条件不变时,"生计政策"这个潜变量每提升1个单位,"生计能力"这个潜变量就提升0.21个单位。

解释3:生计资本对生计能力有直接效应。

"生计资本"这个潜变量对"生计能力"这个潜变量的直接效应为0.39,这说明当其他条件不变时,"生计政策"这个潜变量每提升1个单位,"生计能力"这个潜变量就提升0.39个单位。

解释4:生计政策通过生计资本这个中介变量对生计能力还有间接效应。

生计政策通过一个中介变量对生计能力产生了间接影响,其间接效应的大小等于两个路径系数的乘积,即0.47×0.39=0.18。这说明当其他条件不变时,"生计政策"这个潜变量每提升1个单位,"生计能力"这个潜变量就会通过"生计资本"这个中介变量提升0.18个单位。

解释5：观测变量"非货币补偿政策"与"博弈能力"这两个观察变量之间有直接的效应并呈正相关的关系。

观测变量"非货币补偿政策"与"博弈能力"这两个观察变量之间的直接效应系数为8.99，说明这两个观测变量呈正相关关系，图7－3中的标准化路径系数显示两者的相关系数为0.3。

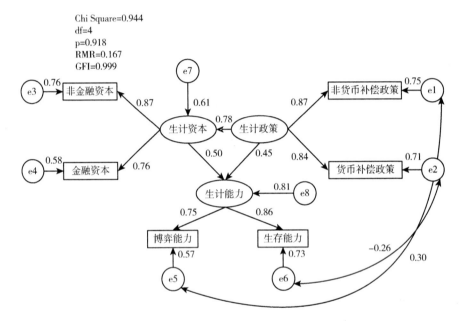

图7－3 被接受的失地农民关键生计要素间的结构方程模型
（估计值：Standardized estimates）

解释6：观测变量"货币补偿政策"与"生存能力"这两个观察变量之间有直接的效应并呈负相关的关系。

观测变量"货币补偿政策"与"生存能力"这两个观察变量之间的直接效应系数为－4.26，说明这两个观测变量呈负相关关系，图7－3中的标准化路径系数显示两者的相关系数为－0.26。

结论1：失地农民关键生计要素之间的关系如下："生计政策"能对"生计能力"产生直接和间接的正面影响。"生计政策"除了直接作用于"生计能力"外，还通过影响"生计资本"间接地作用于"生计能力"，因此可以认为

"生计资本"是"生计政策"对"生计能力"产生双重叠加效应的重要因素。

"生计政策"对"生计能力"的直接效应和间接效应分别为0.21、0.18，这样"生计政策"每提升1个单位，"生计能力"实际上就提升到双重叠加的总效应0.39个（0.21 + 0.18 = 0.39）单位。

结论2："非货币补偿政策"和"货币补偿政策"分别与"博弈能力"和"生存能力"互为影响，其中前一对关系为正相关，后一对关系为负相关。

"非货币补偿政策"与"博弈能力"这一对关系中，其中一方提升1个单位，另一方就增加0.3个单位；而在"货币补偿政策"与"生存能力"这一对关系中，其中一方提升1个单位，另一方则减少0.26个单位。

7.3.2 对呈现标准化路径系数的模型解释

因未标准化的路径系数不能直接用来比较大小，而标准化路径系数则可以直接用来比较变量间的相对变化水平。

解释1："生计政策"对"生计资本"的直接影响要大于对"生计能力"的直接影响。

从图7 - 3可以看出，"生计政策"对"生计资本"的直接影响为0.78，而对"生计能力"的直接影响为0.45，由此可见，"生计政策"对"生计资本"的直接影响或直接贡献要大于对"生计能力"的直接影响或直接贡献（"生计政策"对"生计能力"还有间接影响或间接贡献，其可以通过作用于"生计资本"这个中介将效应传递给"生计能力"，如图7 - 3，其对"生计能力"产生的间接影响或间接贡献为0.78 × 0.50 = 0.39）。

解释2："非货币补偿政策"对"生计政策"的影响要大于"货币补偿政策"对"生计政策"的影响。

从图7 - 3可以看出，"非货币补偿政策"对"生计政策"的影响或贡献为0.87，而"货币补偿政策"对"生计政策"的影响或贡献为0.84，由此可见，"非货币补偿政策"对"生计政策"的影响或贡献要大于"货币补偿政策"对"生计政策"的影响或贡献。

解释3："非金融资本"对"生计资本"的影响要大于"金融资本"对"生计资本"的影响。

从图7 - 3可以看出，"非金融资本"对"生计资本"的影响或贡献为0.87，而"金融资本"对"生计资本"的影响或贡献为0.76，由此可见，"非金融资本"对"生计资本"的影响或贡献要大于"金融资本"对"生计资本"的影响或贡献。

解释4："生存能力"对"生计能力"的影响要大于"博弈能力"对"生计能力"的影响。

从图7-3可以看出，"生存能力"对"生计能力"的影响或贡献为0.86，而"博弈能力"对"生计能力"的影响或贡献为0.75，由此可见，"生存能力"对"生计能力"的影响或贡献要大于"博弈能力"对"生计能力"的影响或贡献。

解释5："非货币补偿政策"与"生计能力"的关联强度要大于"货币补偿政策"与"生计能力"的关联强度，且前者为正相关，而后者为负相关。

从图7-3可以看出，"非货币补偿政策"与"博弈能力"的关联强度为0.3，而"货币补偿政策"与"生存能力"的关联强度为-0.26，由此可见，"非货币补偿政策"与"博弈能力"的关联强度要大于"货币补偿政策"与"生存能力"的关联强度，也即"非货币补偿政策"与"生计能力"的关联强度要大于"货币补偿政策"与"生计能力"的关联强度，且前者为正相关，而后者为负相关。

结论1：要使"生计政策"对"生计能力"的提高产生尽可能大的政策效果，不仅应该重视该类政策如何直接作用于这种能力的提高，还要十分重视该类政策如何作用于"生计资本"的提高，从而间接地将该类政策的效应传递给这种能力的释放，以提高该类政策的总体效能和实现该类政策的最终目标。

结论2："非货币补偿政策"是最重要的"生计政策"；"非金融资本"是最重要的"生计资本"；"生存能力"是最重要的"生计能力"。

结论3：对于"生计能力"的提高而言，"非货币补偿政策"的政策效果要比单纯的"货币补偿政策"的政策效果更好。

7.4 关于概念界定

在第2章的研究论证中，笔者为使研究更有可操作性，已经对相关概念进行深入探讨并严格界定。由于原来预设的模型被拒绝，在修改模型时对原有模型进行了精简，即将原来三个关键生计要素即三个潜变量：生计资本、生计政策和生计能力，所包含的因素即观测变量进行了重新分类，将原有的15个观测变量在模型精简后变为6个观测变量，但作为失地农民关键生计要素的三个潜变量的名称和数量均不变。因此，虽然"关键生计要素"即指个人或家庭实现可持续生计最重要、最核心的要素这个定义不变，但是对于生计资本、生计政策和生计能力这三个潜变量的内涵而言，已略有变化，为更好地解释模型和应用本研究的结论，应该将以上三个潜变量重新界定如下。

7.4.1　生计资本及相关概念的新定义

生计资本是指失地农民个人或家庭为维持当前和改善长远生活状况所拥有和获得的非金融资本或金融资本的总称。它是一个相对抽象的概念。为了便于理解和操作，有时和资产、资源等概念进行"通用"（尽管它们的确切定义并不完全相同）。在本书研究中，生计资本分为非金融资本（可由人力资本、社会资本、物质资本构成）和金融资本（可由工资性收入、财产型收入、经营性收入以及转移型收入等构成以及以上收入带来或衍生的存款、租金、利息、股息和红利等构成）。为了更好地理解生计资本的内涵，与生计资本相关的几个概念定义如下：

a. 人力资本：是指凝结在个人身上的、后天获得的健康、体力、知识、技能、资历、地位等。

b. 社会资本：是指通过个人和集体直接的或间接的社会关系而获得实际的或潜在的资源的集合。

c. 物质资本：是指在一定时间内用来生产其他消费品或生产资料的耐用品，即长期存在的生产物质形式，如机器、设备、厂房、建筑物、交通设施等。

d. 金融资本：是指人们用来实现其生活目标的财政资源，它即包括现金，也包括存款、贷款、证券、基金、股权、外汇和保险金等。

7.4.2　生计政策及相关概念的新定义

生计政策是指公共部门制定的旨在帮助失地农民个人或家庭维持当前和改善长远生活状况的各种补偿政策的总称。这里的政策是指对失去土地具有补偿功能的公共政策。为了便于理解和操作，有时将生计制度、生计策略等概念等同于"生计政策"（尽管实际上它们并不等同）。生计政策实际上也是一个相对抽象的概念。根据我国的实际情况，在本书研究中失地农民的生计政策分为非货币补偿政策（可由就业政策、创业政策和社保政策组成）和货币补偿政策（如征地补偿款、补助款）两种。为了更好地理解生计政策的内涵，与生计政策相关的几个概念定义如下：

a. 货币补偿政策：指政府因征收或征用农村集体土地而对土地使用者通过货币安置的形式进行补偿的程序、标准、方式等具体政策。

b. 就业政策：指政府为促进具有劳动能力且有劳动愿望的失地农民参加社会劳动，并获得相应的劳动报酬所制定和实施的政策。

c. 创业政策：指政府为鼓励、扶持具有创业愿望的失地农民经营和组织一个经济体的某个部分并以其可承受的经济风险通过交易来满足人们的需求，从而创造价值和获得经营性收入所制定和实施的政策。

d. 社保政策：指在政府的管理之下，以国家为主体，依据一定的法律和规定，通过国民收入的再分配，以社会保障基金为依托，对失地农民在暂时或者永久性失去劳动能力以及由于失地而生活发生困难时给予物质帮助，用以保障其最基本的生活需要的政策。

7.4.3 生计能力及相关概念的新定义

生计能力是指失地农民个人或家庭为维持当前和改善长远生活状况所拥有和获得的生存能力和非生存能力的总称。它同样也是一个相对抽象的概念。就失地农民而言，其生计能力包含生存能力（可由可行能力、就业能力、创业能力和参保能力构成）和博弈能力两种能力。为了更好地理解生计能力的内涵，与生计能力相关的几个概念定义如下：

a. 博弈能力：指失地农民与博弈对象讨价还价并借助自己的智慧、知识、资源及利用相关政策、信息实现自身利益最大化的能力。

b. 可行能力：诺贝尔经济学奖获得者阿马蒂亚·森给可行能力下的定义是："一个人的可行能力指的是此人有可能实现的、各种可能的功能性组合。""可行能力"可以理解为一个人可选择的空间的大小[①]。

c. 就业能力：指失地农民从事某种职业所需要的能力。在本研究中，失地农民的就业能力不仅包括就业态度、就业观念、人际协调、自我管理等"一般就业能力"，还包括某个职业所需的特殊技能的"特殊就业能力"。

d. 创业能力：是指失地农民创业所应具有的人力、物力和财力及专业技能和创业素质。创业素质包括创业热情、态度、知识、智慧、价值观、性格和

---

① 陈雷、张陆伟、孙国玉. 可行能力视角下的失地农民问题研究——以淄博市为例 [J]. 中国社会科学院研究生院学报，2010 (3)：71.

工作能力等。

e. 参保能力：社会保障由社会保险、社会救济、社会福利、优抚安置和社会互助等组成。其中，社会保险是社会保障的核心内容。在本研究中，参保能力主要指失地农民参加社会保险（养老保险、失业保险、医疗保险、工伤保险和生育保险）的意愿、认知程度及经济承受能力。

7.5 关于政策建议

基于以上结论，本书提出以下建议供政府决策参考：

7.5.1 建议一：将制定和落实配套、均衡的友好型生计政策来最大限度地提高失地农民的生计能力作为实现其可持续生计目标的关键民生工程。

根据 7.4.3 中的定义，生计能力是指失地农民个人或家庭为维持当前和改善长远生活状况所拥有和获得的生存能力和非生存能力的总称。失地农民未来生计是否可持续，关键取决于失地农民本身生计能力的大小。但失地农民的生计能力在没有外在力量的激发、触动和推动下，仅靠自身的力量来提高其生计能力是远远不够的。因此，政府在审批征地项目时制定和落实促进失地农民生计能力提高的生计政策是十分必要的。由于失地农民不同于一般的市民，其人力资本、社会资本、物质资本和金融资本的积累以及就业能力、创业能力、参保能力、可行能力和博弈能力的储备作为一个群体要低于普通市民，因此制定生计政策时要有针对性以及既有实效又能被失地农民广为接受的友好型特点。具体而言，这种友好型的生计政策要做到：一是政策配套。当征地审批项目正式启动后，政府不仅要依法按市场价格落实失地农民的货币补偿，还应该根据当地失地农民的特点和需求制定、落实配套的非货币补偿政策，如就业政策、创业政策、社保政策，甚至有条件的地方还应该考虑留地安置等配套的具体政策，以满足失地农民多元化的正当生计需求，从而为其创造尽可能大的生计空间，防止单一的生计政策失效；二是政策均衡。这里讲的政策均衡有两重含义。第一重含义就是货币补偿政策和非货币补偿政策这两类政策之间的相对均衡。在落实货币补偿政策时，政府不能有用货币"一脚踢"思维，因为即使货币补偿高于市场价格，如果仅仅"一补了之"，反而有可能会损伤失地农民的生计能力，因此是一种不负责任的做法。从本研究建立的结构方程模型

图 7 - 2 和图 7 - 3 可知，政府的货币补偿政策和失地农民的生存能力之间存在负相关的关系，这既符合理论上的解释，也符合实际情况。从理论上讲，失地农民的生存能力（如就业能力、创业能力、参保能力）等越低，其就越期望从政府那里获得高的货币补偿来弥补其生存能力的不足；失地农民获得的货币补偿越高，如果缺乏配套的非货币补偿政策的激励，对于部分具有"等靠要"思想的人而言，可能会因为缺乏就业和创业的动力或机会而导致"坐吃山空"，从而最终降低其生存能力。从访谈中了解到，以上解释在现实中的确有不少这样的案例，有的失地农民拿到高额的征地补偿款后，整天无所事事，甚至有的失地农民拿到征地补偿款后因赌博一夜就输个精光而导致家破人亡。因此，政府制定和落实失地农民的生计政策时，不能过于偏重货币补偿的满足而忽视非货币补偿政策的设计。货币补偿作为受广大失地农民喜好的一种补偿方式，政府的责任主要是依法按市场价进行适度补偿，从失地农民可持续生计的角度而言，缺乏相对均衡的货币补偿并非越高越好。图 7 - 2 和图 7 - 3 还显示，政府的非货币补偿政策和失地农民的博弈能力之间存在正相关的关系，这也符合理论上的解释和现实状况。因为失地农民的博弈能力越强，其可能越注重就有利于其长远利益的非货币补偿问题（如就业、创业、社保）与政府讨价还价；而政府的非货币补偿政策越好，失地农民因为就业、创业等经历和资历而见多识广，获得了比以往更多的人脉资源、谈判的技巧和相关的信息，从而提高了其实现自身利益最大化的博弈能力。因此，本书建议政府在制定和落实生计政策时应该设计能给失地农民家庭带来与货币补偿相当的经济效益（可以简单估算）的非货币补偿政策，以免单一的货币补偿政策带来了政策失衡的恶果。第二重含义就是货币补偿政策和非货币补偿政策这两类政策自身的子政策的相对均衡。如在非货币补偿政策中，要考虑就业政策、创业政策和参保政策的政策投入和重视程度的相对均衡，以满足失地农民多元化的需求，扩大其生计选择的自由度。配套和均衡的生计政策既能为广大失地农民所接受，又能达成政策目标，因此是一种友好型的生计政策。鉴于友好型的生计政策的功效，本书建议将制定和落实配套、均衡的友好型生计政策来最大限度地提高失地农民的生计能力作为实现失地农民可持续生计目标的关键民生工程。

7.5.2 建议二：将通过有效的生计政策促进和引导失地农民生计资本的积累纳入政府征地的重大决策部署。

从上述结论可知，要使"生计政策"对"生计能力"的提高产生尽可能大的政策效果，不仅应该重视该类政策如何直接作用于这种能力的提高，还要十分重视该类政策如何作用于"生计资本"的提高，从而间接地将该类政策的效应传递给这种能力释放，以提高该类政策的总体效能和实现该类政策的最终目标。因此，将通过有效的生计政策促进和引导失地农民生计资本的积累纳入政府征地的重大决策部署十分必要。在决策部署中应该注意，不仅应该重视失地农民金融资本的积累，更应该关注非金融资本的积累，因为非金融资本的积累的贡献并不会小于金融资本的积累。建议政府在征地的决策部署中考虑采用以下几个具体的政策措施[①]。

7.5.2.1　部署不断积累失地农民社会资本的具体政策

一要正确引导失地农民不断积累个体社会资本。关系人是失地农民通过个人直接的或间接的社会关系而获得的一种实际的或潜在的资源。这种资源实际上就是一种个体社会资本：包括关系人的多少、与关系人的关系强度、关系人的社会地位特征等。研究表明，失地农民与关系人的关系强度呈中上偏强的状态，但结交的重要关系人即朋友不多，而且关系人的社会地位不高。因此，从整体上看，失地农民的个体社会资本积累不够。一般来讲，一个人的个体社会资本积累的越多，其未来的生存和发展的障碍就越少。在此，本书建议政府应该有意识地正确引导失地农民积累个体社会资本，如在征地的过程中，动之以情，晓之以理，正确处理同一农村集体经济组织中的失地农民之间的利益关系，引导他们和谐相处和互帮互助；在征地之后，引导失地农民参加正规的技能培训和继续教育，使失地农民在提升自我的同时能通过"培训班"和"学校"结交更多对自己有用的"关系人"等。

二要大幅度增加对失地农民集体社会资本的投资。失地农民具有公共性或共享性的集体社会资本主要包括政府规定的社保权利、政府实施的安置政策、政府提供的就业服务、政府显露的关心程度等。研究表明，政府规定的社保权利难以实现、政府实施的安置政策比较单一、政府提供的就业服务严重缺位、政府显露的关心程度十分有限。综上所述认为，失地农民作为一个"弱势群体"，其集体社会资本十分薄弱。失地农民的大部分集体社会资本是一种政府以农村集体经济组织为单位向失地农民提供的地方性公共产品或准公共产品，这种公共产品或准公共产品在大多数情况下是"无形的"。如政府规定

的社保权利、实施的安置政策、提供的就业服务、显露的关心程度等。正因为以上公共产品或准公共产品是"无形"的，政府因受到"唯 GDP 是从"等错误政绩观的影响，往往不注重对"无形"的公共产品或准公共产品的投资，在一定程度上导致了失地农民集体社会资本的薄弱。因此，政府应该大幅度增加对失地农民集体社会资本的投资——既要增加"资金"的投入，也要加大"感情"的投资。唯有如此，影响失地农民生计可持续的社会资本才会逐步雄厚起来。

7.5.2.2　部署增加失地农民人力资本存量和提高人力资本质量的具体政策

本书认为，政府应该通过增加对失地农民人力资本的投入来增加失地农民人力资本的存量和提高失地农民人力资本的质量，并最终实现其生计的可持续。就失地农民的健康与劳动力、知识与技能、资历与地位这些人力资本而言，本书的具体建议如下。

制定有助于减轻失地农民生存压力的民生政策，重点关注老年失地农民的健康状况，大力加强健康知识的宣传，着重建立失地农民的医疗保障体系，正确引导超出劳动年龄范围但具备一定劳动能力的老年失地农民适当参加劳动。

加大对失地农民尤其是中老年失地农民接受继续教育的投入，鼓励、支持青年失地农民接受中高等教育，切实提高失地农民的受教育水平；设立专项资金支持失地农民尤其是青年失地农民参加职业技能和就业培训，切实提高失地农民的职业技能水平和就业能力，同时要帮助青年失地农民和中老年失地农民找准各自技能的"市场"。

加大对现代家庭理财和家庭管理理念的宣传，打破农村论资排辈的传统观念，合理配置家庭成员的人力资源，不唯资历定"家长"，而是让年轻力壮、真正有能力的家庭成员"当家做主"。这样，更有利于整个家庭的长远生计。

7.5.2.3　部署增强失地农民对耐用物质资本的购买力和提高其经营能力的具体政策

政府应适当提高对失地农民家庭的征地补偿，千方百计帮助失地农民就业，以提高失地农民家庭的财产性收入和工资性收入，从而增强失地农民家庭对耐用物质资本尤其是投资收益高的耐用物质资本（如汽车、厂房、机器等）的购买力；政府应通过对失地农民的创业培训和技能培训，增强失地农民对耐用物质资本的经营意识，提高失地农民对耐用物质资本的经营能力，引导失地农民按市场规律经营投资回报率大的耐用物质资本，从而大大增加耐用物质资本对家庭收入的贡献。

7.5.2.4　部署帮助失地农民积累金融资本和提高金融资本经营能力的具体政策

一是制定有力的措施，帮助失地农民积累金融资本。政府不仅要通过提高征地补偿标准和鼓励发展"瓦片经济"来增加失地农民的财产性收入，还要通过为失地农民提供就业服务和创业服务以及落实失地农民的社会保障费用来增加失地农民的工资性收入、经营性收入和转移性收入，这样，更利于失地农民实现存款、租金等金融资本的积累。

二是为失地农民开办"理财"培训班，帮助失地农民提高金融资本的经营能力。金融资本经营是一项需要高度智慧性劳动的复杂工作，因而投资决策者必须具有坚实的相关理论知识以及一定的经营能力。而理论知识的积累和能力的培养又要求投资决策者必须不断地学习以及更多地参与金融资本经营活动的实践，以提高自身的理论水平和实际经营能力。通过"理财"培训，可以帮助失地农民提高金融资本的经营能力，使失地农民做到敢于冒险而又理智投资。具体而言，就是要通过培训让失地农民明确经营目标、分散投资风险、准确把握投资时机，从而实现利息、股息和红利等金融资本的大幅度增长。

附件一　江西省十一个地级市 抽样选点信息表

（该附件呈现的是异常值处理后的选点样本分布，
抽样选点条件见第 2 章）

表 1 南昌市的抽样选点信息

征地报批单位	新建县	进贤县
征地批次全称	新建县（红角洲片区）2007 年度第四批次城市建设用地	进贤县 2007 年第二批次城市
征地涉及的权属单位	生米镇黄佩村	民和镇涂家村
样本数	12	13

表 2 景德镇市的抽样选点信息

征地报批单位	昌江区	乐平市	浮梁县
征地批次全称	景德镇市 2007 年度第五批次城市用地	乐平市 2007 年度第二批次城市用地	浮梁县 2008 年第六批次城市建设用地
征地涉及的权属单位	吕蒙乡古城村	塔山街道办事处上畈居委会	三龙乡三龙村
样本数	11	11	9

表 3 萍乡市的抽样选点信息

征地报批单位	湘东区	上栗县
征地批次全称	湘东区 2007 年度第一次集镇建设用地	上栗县 2007 年度第八批次集镇建设用地
征地涉及的权属单位	下埠镇杞木村	彭高镇高丰村
样本数	15	14

表4 九江市的抽样选点信息

征地报批单位	庐山区	武宁县	德安县	都昌县	湖口县
征地批次全称	庐山区 2008 年第五批次城市建设用地	武宁县 2007 年度第六批次城市建设用地	共青城 2008 年第四批次城市建设用地	都昌县 2007 年度第三批次城市建设用地	湖口县 2007 年度第一批次城市建设用地
征地涉及的权属单位	新港镇新港村	工业园管委会凤口村	甘露镇双塘村	北山乡夏家村	凰村乡向阳村
样本数	15	9	13	14	12

表5 新余市的抽样选点信息

征地报批单位	渝水区	分宜县
征地批次全称	新余市 2007 年度第十四批次城市建设用地	分宜县 2008 年度第一批次城市建设用地
征地涉及的权属单位	孔目江办事处东陂管理处	分宜镇大台村
样本数	10	15

表6 鹰潭市的抽样选点信息

征地报批单位	月湖区	贵溪市
征地批次全称	鹰潭市 2007 年度第二批次城市建设用地	贵溪市 2008 年第四批次城市建设用地
征地涉及的权属单位	白露街道办事处章家村	滨江乡浮桥村
样本数	11	10

表7 吉安市的抽样选点信息

征地报批单位	青原区	遂川县	永新县
征地批次全称	青原区 2007 年度第二批次城市建设用地	遂川县 2007 年度第三批次城市建设用地	永新县 2007 年度第一批次城市建设用地
征地涉及的权属单位	天玉镇田心村	泉江镇云岗村	禾川镇袍田村
样本数	12	9	15

表8   **赣州市的抽样选点信息**

征地报批单位	章贡区	瑞金市	宁都县	会昌县	信丰县	于都县	兴国县	龙南县
征地批次全称	赣州经济技术开发区2007年度第七批次城市建设用地	瑞金市2008年第六批次城市建设用地	宁都县2007年第六批次城市建设用地	会昌县2008年第八批次城市建设用地	信丰县2007年度第八批次城市建设用地	于都县2008年第五批次城市建设用地	兴国县2007年第四批次城市建设用地	龙南县2008年第五批次城市建设用地
征地涉及的权属单位	蟠龙镇水碓村	象湖镇瑞明村	梅江镇土围村	文武坝镇林岗村	嘉定镇水东村	贡江镇水南村	潋江镇南外村	龙南镇龙腾社区
样本数	14	9	14	13	10	15	14	10

表9   **宜春市的抽样选点信息**

征地报批单位	袁州区	丰城市	高安市	万载县	靖安县
征地批次全称	袁州区2007年度第一批次城市建设用地	丰城市2007年第三批次城市建设用地	高安市2007年度第一批次城市建设用地	万载县2007年第一批次城市建设用地	靖安县2007年度第二批次城市建设用地
征地涉及的权属单位	下浦街道徐田社区居委会	尚庄街办北坑居委会	瑞州街道南浦村	康乐办事处福星村街道	香田乡白鹭村
样本数	12	10	15	14	4

表10   **抚州市的抽样选点信息**

征地报批单位	临川区	南城县	崇仁县	乐安县	广昌县
征地批次全称	抚州市2007年度第四批次城市建设用地	南城县2008年第四批次城市建设用地	崇仁县2008年第三批次城市建设用地	乐安县2008年度第六批次城市建设用地（污水处理厂）	广昌县2007年第五批次城市建设用地
征地涉及的权属单位	金巢经济开发区钟岭街办白岭社区	建昌镇花楼下村	巴山镇萱华村	鳌溪镇桥背村	盱江镇顺化村
样本数	12	13	8	11	9

表 11 上饶市的抽样选点信息

征地报批单位	信州区	铅山县	弋阳县	万年县
征地批次全称	上饶市信州区 2007 年度第四批集镇建设用地	铅山县 2007 年度第一批次城市建设用地	弋阳县 2007 年度第四批次城市建设用地	万年县 2008 年第四批次城市建设用地
征地涉及的权属单位	沙溪镇李家村	河口镇虞家村	南岩镇栗桥村	陈营镇珠山村
样本数	15	13	12	12

特别说明：

申报书原计划在全省 11 个地级市中选择 75 个县（县级市或市辖区）中的 75 个典型的被征地单位（村、居委会或社区）进行抽样调查，笔者已经尝试了在这 75 个县（县级市或市辖区）进行了抽样调查，但实际上成功被抽样调查的样本县（县级市或市辖区）的只有 44 个（覆盖了 11 个地级市），共获取问卷 1322 份，经筛查，有效问卷共计 1222 份。实际上，1222 份问卷再按原计划预定的 2∶1 的比例进行等距离抽样后还剩 611 个样本（611 份有效问卷），加上样本的分布相对均匀，对本书的研究目标即建立关键生计要素间的结构方程模型不会有影响（从经验意义上讲，建立结构方程模型至少要 200 个样本，但也不是越多越好，600～1200 个样本比较适中）。基于失地农民问题的敏感性和研究成本的考虑，本书申请调整计划即从调查 75 个被征地单位调整为调查 44 个被征地单位，抽样方法不变，同时与原计划一样覆盖江西省的 11 个地级市。由于在结构方程模型的构建中需要对模型所涉数据进行正态分布的检验，为使得模型所涉数据符合正态分布的假设，需要对原始数据进行异常值处理。在删除异常值的过程中，部分选点的个案（样本）全部被删除，所以在江西省 11 个地级市抽样选点信息表中最后只剩下 41 个县（区、市）的选点信息，其中每一县（区、市）选择一个典型的征地涉及的权属单位即村（居委会）进行入户访问。

附件二　信度检验前使用的调查问卷

调查地点：＿＿＿＿省＿＿＿＿市＿＿＿＿县（市、区）＿＿＿＿镇（乡、街道）
＿＿＿＿村（居委会）＿＿＿＿组
调查时间：＿＿＿＿年＿＿＿＿月＿＿＿＿日；调查员姓名：＿＿＿＿；调查员编号：
＿＿＿＿；调查问卷编号：＿＿＿＿

第一部分　量表问卷

（此部分为程度排序题，请根据您的真实看法及实际情况在相应的选项上
打"√"）

一、生计资本

（一）人力资本

Q1. 您的身体健康状况如何？

1. 十分差　　　2. 很差　　　　3. 较差　　　　4. 一般　　　　5. 较好

6. 很好　　　7. 十分好

Q2. 您的体力状况如何？

1. 十分差　　　2. 很差　　　　3. 较差　　　　4. 一般　　　　5. 较好

6. 很好　　　7. 十分好

Q3. 您的文化程度（或知识水平）如何？

1. 十分低　　　2. 很低　　　　3. 较低　　　　4. 一般　　　　5. 较高

6. 很高　　　7. 十分高

Q4. 您的社会经验的丰富程度？

1. 十分缺乏　　2. 很缺乏　　　3. 较缺乏　　　4. 一般　　　　5. 较丰富

6. 很丰富　　　7. 十分丰富

Q5. 您的谋生技能的熟练程度？

1. 十分生疏　　2. 很生疏　　　3. 较生疏　　　4. 一般　　　　5. 较熟练

6. 很熟练　　　7. 十分熟练

Q6. 您的谋生技能的市场需求？

1. 十分小　　　2. 很小　　　　3. 较小　　　　4. 一般　　　　5. 较大

6. 很大　　　　7. 十分大

Q7. 您在本地或本单位的资历情况如何？

1. 十分浅　　　2. 很浅　　　　3. 较浅　　　　4. 一般　　　　5. 较深

6. 很深　　　　7. 十分深

Q8. 您认为您在社会中的地位？

1. 十分低　　　2. 很低　　　　3. 较低　　　　4. 一般　　　　5. 较高

6. 很高　　　　7. 十分高

（二）社会资本

Q9. 您结交的朋友数量？

1. 十分少　　2. 很少　　　　3. 较少　　　　4. 不多也不少

5. 较多　　　6. 很多　　　　7. 十分多

Q10. 您的亲戚数量？

1. 十分少　　2. 很少　　　　3. 较少　　　　4. 不多也不少

5. 较多　　　6. 很多　　　　7. 十分多

Q11. 在您或您的家庭出现生计困难时有能力并诚心帮您或您的家庭解困的朋友数量？

1. 十分少　　2. 很少　　　　3. 较少　　　　4. 不多也不少

5. 较多　　　6. 很多　　　　7. 十分多

Q12. 在您或您的家庭出现生计困难时有能力并诚心帮您或您的家庭解困的亲戚数量？

1. 十分少　　　2. 很少　　　　3. 较少　　　　4. 不多也不少

5. 较多　　　6. 很多　　　　7. 十分多

Q13. 地方政府或村（居）委会或社区或您本人的所在单位为您提供社会保障？

1. 十分少　　　2. 很少　　　　3. 较少　　　　4. 不多也不少

5. 较多　　　6. 很多　　　　7. 十分多

Q14. 地方政府或村（居）委会或社区或您本人的所在单位为您提供安置政策？

1. 十分不实惠　2. 很不实惠　　3. 不是很实惠　4. 实惠　　　　5. 较实惠

6. 很实惠　　　7. 十分实惠

Q15. 地方政府或村（居）委会或社区或您本人的所在单位为您提供就业服务？

1. 十分不到位　2. 很不到位　　3. 比较不到位　4. 基本到位

5. 比较到位　　6. 很到位　　　7. 十分到位

Q16. 地方政府或村（居）委会或社区或您本人的所在单位对您显露的关心程度？

1. 十分不关心　2. 很不关心　　3. 不太关心　　　4. 关心

5. 比较关心　　6. 很关心　　　7. 十分关心

（三）自然资本

Q17. 原有土地被征后，您家可以用于种植的土地的面积的变化情况（含耕地、山地、林地等）？

1. 减少了很多（或没有了）　　2. 减少了较多　　3. 减少了较少

4. 面积没有变化　　　　　　5. 增加了较少　　6. 增加了较多

7. 增加了很多

Q18. 原有土地被征后，您家可用于养殖的土地面积的变化情况（如鱼塘、水库，养殖鸡、鸭、鹅、猪、牛及其他动物的场所)？

1. 减少了很多（或没有了）　　2. 减少了较多　　3. 减少了较少

4. 面积没有变化　　　　　　5. 增加了较少　　6. 增加了较多

7. 增加了很多

Q19. 原有土地被征后，您家的宅基地面积变化情况？

1. 减少了很多（或没有了宅基地）　　　　　　2. 减少了较多

3. 减少了较少　　　　　　　　　　　　　　4. 面积没有变化

5. 增加了较少　　　　　　　　　　　　　　6. 增加了较多

7. 增加了很多

Q20. 被征的土地获得的征地补偿款？

1. 十分少　　　2. 很少　　　3. 较少　　　4. 不多也不少

5. 较多　　　　6. 很多　　　7. 十分多

Q21. 您认为您家土地的增值空间？

1. 十分小　　　2. 很小　　　3. 较小　　　4. 一般（不大也不小）

5. 较大　　　　6. 很大　　　7. 十分大

Q22. 土地被征后，被征土地附近生态环境的破坏程度？

1. 十分严重　　2. 很严重　　　3. 较严重　　　4. 一般

5. 较轻　　　　6. 很轻　　　　7. 十分轻（或没有破坏）

Q23. 土地被征后，当地的野生动物？

1. 大量减少　　2. 少量减少　　3. 略有减少　　4. 数量没有变化

5. 略有增加　　6. 少量增加　　7. 大量增加

Q24. 土地被征后，当地的经济作物？

1. 大量减少　　2. 少量减少　　3. 略有减少　　4. 数量没有变化

5. 略有增加　　6. 少量增加　　7. 大量增加

（四）物质资本

Q25. 您家拥有的用于经营或出租的厂房面积？

1. 十分小（或没有）　　　　2. 很小　　　　3. 较小

4. 不大也不小　　　　　　　5. 较大　　　　6. 很大

7. 十分大

Q26. 您家拥有的用于谋生的小作坊面积？

1. 十分小（或没有）　　　　2. 很小　　　　3. 较小

4. 不大也不小　　　　　　　5. 较大　　　　6. 很大

7. 十分大

Q27. 您家拥有的用于出租或经营的店面面积？

1. 十分小（或没有）　　　　2. 很小　　　　3. 较小

4. 不大也不小　　　　　　　5. 较大　　　　6. 很大

7. 十分大

Q28. 您家拥有的用于出租的住房面积？

1. 十分小（或没有）　　　　2. 很小　　　　3. 较小

4. 不大也不小　　　　　　　5. 较大　　　　6. 很大

7. 十分大

Q29. 您家拥有的用于出租或载客的交通工具（如汽车、摩托车等）数量？

1. 十分少（或没有）　　　　2. 很少　　　　3. 较少

4. 不多也不少　　　　　　　5. 较多　　　　6. 很多

7. 十分多

Q30. 您家拥有的用于出租或办公的电子产品（如计算机、数码相机、数码摄像机、打印机、传真机等）数量？

1. 十分少（或没有）　　　2. 很少　　　3. 较少
4. 不多也不少　　　　　　5. 较多　　　6. 很多
7. 十分多

Q31. 您家拥有的用于出租或为赚钱，家人自己操作的机械（如农业机械、农副加工机械、园林机械、畜牧机械、粮油机械等）数量？

1. 十分少（或没有）　　　2. 很少　　　3. 较少
4. 不多也不少　　　　　　5. 较多　　　6. 很多
7. 十分多

Q32. 您家拥有的用于出租或为赚钱，家人自己操作的设备（如灌溉设备、渔业设备等）数量？

1. 十分少（或没有）　　　2. 很少　　　3. 较少
4. 不多也不少　　　　　　5. 较多　　　6. 很多
7. 十分多

（五）金融资本

Q33. 您家的存款？

1. 十分少（或没有）　　　2. 很少　　　3. 较少
4. 不多也不少　　　　　　5. 较多　　　6. 很多
7. 十分多

Q34. 您家向他人借的钱或向银行贷的款？

1. 十分少（或没有）　　　2. 很少　　　3. 较少
4. 不多也不少　　　　　　5. 较多　　　6. 很多
7. 十分多

Q35. 您家借给他人的钱？

1. 十分少（或没有）　　　2. 很少　　　3. 较少
4. 不多也不少　　　　　　5. 较多　　　6. 很多
7. 十分多

Q36. 您家购买的证券（如股票、基金、债券等）或保险金？

1. 十分少（或没有）　　　2. 很少　　　3. 较少
4. 不多也不少　　　　　　5. 较多　　　6. 很多
7. 十分多

Q37. 您家每年的工资性收入？

1. 十分少（或没有）　　　2. 很少　　　3. 较少

4. 不多也不少　　　　　5. 较多　　　　6. 很多

7. 十分多

Q38. 您家每年的经营性收入？

1. 十分少（或没有）　　　2. 很少　　　　3. 较少

4. 不多也不少　　　　　5. 较多　　　　6. 很多

7. 十分多

Q39. 您家每年的财产性收入（如利息、股息、租金、红利等）？

1. 十分少（或没有）　　　2. 很少　　　　3. 较少

4. 不多也不少　　　　　5. 较多　　　　6. 很多

7. 十分多

Q40. 您家每年的转移性收入（如离退休金、失业救济金、赔偿等；辞退金、保险索赔、住房公积金、家庭间的赠送和赡养等）？

1. 十分少（或没有）　　　2. 很少　　　　3. 较少

4. 不多也不少　　　　　5. 较多　　　　6. 很多

7. 十分多

二、生计政策

（一）土地政策

Q41. 农村和城市郊区中除由法律规定属于国家所有以外的土地及宅基地、自留地、自留山均属农民集体所有而不是您或您家人所有，您对我国这一土地所有权制度的满意程度？

1. 十分不满意　　2. 很不满意　　3. 较不满意　　4. 基本满意

5. 较满意　　　　6. 很满意　　　7. 十分满意

Q42. 您对我国耕地保护政策（如土地管制制度、耕地总量动态平衡制度、耕地占补平衡制度、耕地保护目标责任制、基本农田保护制度、农用地转用审批制度、土地开发整理复垦制度、土地税费制度、耕地保护法律责任制度）的了解程度？

1. 了解十分少　　2. 了解很少　　3. 了解较少　　4. 了解不多也不少

5. 了解较多　　　6. 了解很多　　7. 了解十分多

Q43. 您对当前国土资源的信访政策的了解程度？

1. 了解十分少　　2. 了解很少　　3. 了解较少　　4. 了解不多也不少

5. 了解较多　　　6. 了解很多　　7. 了解十分多

Q44. 您对我国土地规划政策的了解程度？

1. 了解十分少　　　2. 了解很少　　　3. 了解较少　　　4. 了解不多也不少

5. 了解较多　　　　　6. 了解很多　　　7. 了解十分多

Q45. 您对我国土地征收或征用政策的了解程度?

1. 了解十分少　　　2. 了解很少　　　3. 了解较少　　　4. 了解不多也不少

5. 了解较多　　　　　6. 了解很多　　　7. 了解十分多

Q46. 您对我国土地流转政策的了解程度?

1. 了解十分少　　　2. 了解很少　　　3. 了解较少　　　4. 了解不多也不少

5. 了解较多　　　　　6. 了解很多　　　7. 了解十分多

Q47. 您对我国土地交易（土地出租、土地作价入股、土地联营、土地出售等）政策的了解程度?

1. 了解十分少　　　2. 了解很少　　　3. 了解较少　　　4. 了解不多也不少

5. 了解较多　　　　　6. 了解很多　　　7. 了解十分多

Q48. 您对我国土地供应（土地出让、土地划拨等）政策的了解程度?

1. 了解十分少　　　2. 了解很少　　　3. 了解较少　　　4. 了解不多也不少

5. 了解较多　　　　　6. 了解很多　　　7. 了解十分多

（二）补偿政策

Q49. 您认为政府征地时在程序上（如是否依照法定程序发布征地补偿和安置方案公告、听取意见等）是否公平?

1. 十分不公平　　2. 很不公平　　3. 较不公平　　4. 公平

5. 较公平　　　　　6. 很公平　　　7. 十分公平

Q50. 您认为当地征地的土地补偿费（对在土地上的投入和收益造成损失的补偿）的补偿标准?

1. 十分低　　　　2. 很低　　　　3. 较低　　　　4. 不高也不低

5. 较高　　　　　　6. 很高　　　　7. 十分高

Q51. 您认为当地征地的安置补助费（为了解决以土地为主要生产资料并取得生活来源的农业人口因失去土地造成生活困难所给予的补助费用）的补偿标准?

1. 十分低　　　　2. 很低　　　　3. 较低　　　　4. 不高也不低

5. 较高　　　　　　6. 很高　　　　7. 十分高

Q52. 您认为当地征地的青苗补偿费（对被征收土地上已生长的农作物造成损失所给予的一次性经济补偿的费用）的补偿标准?

1. 十分低　　　　2. 很低　　　　3. 较低　　　　4. 不高也不低

5. 较高　　　　　6. 很高　　　　　7. 十分高

Q53. 您认为当地征地的地上附着物补偿费（对被征收土地上的建筑物、构筑物，如房屋、水井、道路、管线、水渠等的拆迁和恢复费用）的补偿标准？

1. 十分低　　　　2. 很低　　　　3. 较低　　　　4. 不高也不低

5. 较高　　　　　6. 很高　　　　7. 十分高

Q54. 您认为当地征收农民的宅基地的补偿标准？

1. 十分低　　　　2. 很低　　　　3. 较低　　　　4. 不高也不低

5. 较高　　　　　6. 很高　　　　7. 十分高

Q55. 您认为我国的征地补偿政策？

1. 十分不完善　　2. 很不完善　　3. 较不完善　　4. 基本完善

5. 比较完善　　　6. 很完善　　　7. 十分完善

Q56. 您认为当前的征地补偿安置方式？

1. 十分不合理　　2. 很不合理　　3. 较不合理　　4. 基本合理

5. 较合理　　　　6. 很合理　　　7. 十分合理

（三）就业政策

Q57. 土地被征后，您认为政府针对失地农民举办的就业培训的次数？

1. 十分少（或没有）　　　　　2. 很少　　　　3. 较少

4. 不多也不少　　　　　　　　5. 较多　　　　6. 很多

7. 十分多

Q58. 土地被征后，您认为政府为维护失地农民劳动与就业的权利所制定的政策或采取的举措？

1. 十分不给力　　2. 很不给力　　3. 较不给力　　4. 给力

5. 较给力　　　　6. 很给力　　　7. 十分给力

Q59. 土地被征后，您认为政府为失地农民提供的就业信息？

1. 十分少（或没有）　　　　　2. 很少　　　　3. 较少

4. 不多也不少　　　　　　　　5. 较多　　　　6. 很多

7. 十分多

Q60. 土地被征后，您认为政府为失地农民直接或间接（如引荐、介绍、劳务输出等）提供的就业岗位？

1. 十分少（或没有）　　　　　2. 很少　　　　3. 较少

4. 不多也不少　　　　　　　　5. 较多　　　　6. 很多

7. 十分多

Q61. 土地被征后，您对政府鼓励或引导失地农民自谋职业这一做法的态度？

1. 十分不赞同　　2. 很不赞同　　3. 不赞同　　4. 不赞同也不反对

5. 赞同　　　　　6. 很赞同　　　7. 十分赞同

Q62. 土地被征后，您对政府制定的针对失地农民的就业政策的了解程度？

1. 了解十分少　　2. 了解很少　　3. 了解较少　　4. 了解不多也不少

5. 了解较多　　　6. 了解很多　　7. 了解十分多

Q63. 土地被征后，政府鼓励和支持失地农民就业的渠道？

1. 十分少（或没有）　　　　2. 很少　　　　3. 较少

4. 不多也不少　　　　　　　5. 较多　　　　6. 很多

7. 十分多

Q64. 土地被征后，您对政府制定的针对失地农民的就业支持与服务的政策体系的总体评价？

1. 十分不满意　　2. 很不满意　　3. 较不满意　　4. 基本满意

5. 较满意　　　　6. 很满意　　　7. 十分满意

（四）创业政策

Q65. 据您了解，当地政府为失地农民举办的创业培训的次数？

1. 十分少（或没有）　　　　2. 很少　　　　3. 较少

4. 不多也不少　　　　　　　5. 较多　　　　6. 很多

7. 十分多

Q66. 据您了解，当地政府为创业的失地农民减免的税费？

1. 十分少（或没有）　　　　2. 很少　　　　3. 较少

4. 不多也不少　　　　　　　5. 较多　　　　6. 很多

7. 十分多

Q67. 据您了解，当地政府为创业的失地农民小额贷款的贴息？

1. 十分少（或没有）　　　　2. 很少　　　　3. 较少

4. 不多也不少　　　　　　　5. 较多　　　　6. 很多

7. 十分多

Q68. 据您了解，当地政府为创业的失地农民的补贴或奖励？

1. 十分少（或没有）　　　　2. 很少　　　　3. 较少

4. 不多也不少　　　　　　　5. 较多　　　　6. 很多

7. 十分多

Q69. 据您了解，当地政府为创业的失地农民提供的跟踪指导？

1. 十分少（或没有）　　　　　2. 很少　　　　　3. 较少

4. 不多也不少　　　　　　　　5. 较多　　　　　6. 很多

7. 十分多

Q70. 土地被征后，当地政府为失地农民提供的创业信息？

1. 十分少（或没有）　　　　　2. 很少　　　　　3. 较少

4. 不多也不少　　　　　　　　5. 较多　　　　　6. 很多

7. 十分多

Q71. 土地被征后，当地政府为失地农民提供的创业环境？

1. 十分差　　　　2. 很差　　　　3. 比较差　　　　4. 一般（不好也不差）

5. 比较好　　　　6. 很好　　　　7. 十分好

Q72. 您对当地政府为失地农民制定并提供的创业政策的总体评价是？

1. 十分不满意　　2. 很不满意　　3. 较不满意　　4. 基本满意

5. 较满意　　　　6. 很满意　　　7. 十分满意

（五）社保政策

Q73. 土地被征后，政府为失地农民提供的养老保险？

1. 十分不到位　　2. 很不到位　　3. 比较不到位　4. 基本到位

5. 比较到位　　　6. 很到位　　　7. 十分到位

Q74. 土地被征后，政府为失地农民提供的失业保险？

1. 十分不到位　　2. 很不到位　　3. 比较不到位　4. 基本到位

5. 比较到位　　　6. 很到位　　　7. 十分到位

Q75. 土地被征后，政府为失地农民提供的医疗保险？

1. 十分不到位　　2. 很不到位　　3. 比较不到位　4. 基本到位

5. 比较到位　　　6. 很到位　　　7. 十分到位

Q76. 土地被征后，政府为失地农民提供的工伤保险？

1. 十分不到位　　2. 很不到位　　3. 比较不到位　4. 基本到位

5. 比较到位　　　6. 很到位　　　7. 十分到位

Q77. 土地被征后，政府为失地农民提供的生育保险？

1. 十分不到位　　2. 很不到位　　3. 比较不到位　4. 基本到位

5. 比较到位　　　6. 很到位　　　7. 十分到位

Q78. 土地被征后，政府为失地农民提供的社会福利？

1. 十分不到位　　2. 很不到位　　3. 比较不到位　4. 基本到位

5. 比较到位　　6. 很到位　　7. 十分到位

Q79. 土地被征后，政府为生活十分困难的失地农民提供的社会救济？

1. 十分不到位　　2. 很不到位　　3. 比较不到位　4. 基本到位

5. 比较到位　　6. 很到位　　7. 十分到位

Q80. 土地被征后，您对政府为失地农民提供的社会保障的总体评价？

1. 十分不满意　　2. 很不满意　　3. 较不满意　　4. 基本满意

5. 较满意　　6. 很满意　　7. 十分满意

三、生计能力

（一）可行能力

Q81. 土地被征后，您在吃、穿、住、行方面可选择的空间？

1. 十分小（或没有）　　　　2. 很小　　3. 较小

4. 不大也不小　　　　5. 较大　　6. 很大

7. 十分大

Q82. 土地被征后，您在读书、学习、培训方面可选择的空间？

1. 十分小（或没有）　　　　2. 很小　　3. 较小

4. 不大也不小　　　　5. 较大　　6. 很大

7. 十分大

Q83. 土地被征后，您在休闲、娱乐、旅行方面可选择的空间？

1. 十分小（或没有）　　　　2. 很小　　3. 较小

4. 不大也不小　　　　5. 较大　　6. 很大

7. 十分大

Q84. 土地被征后，您政治参与（如投票选举）方面可选择的空间？

1. 十分小（或没有）　　　　2. 很小　　3. 较小

4. 不大也不小　　　　5. 较大　　6. 很大

7. 十分大

Q85. 您在利益表达与权利伸张方面可选择的渠道？

1. 十分少（或没有）　　　　2. 很少　　3. 较少

4. 不多也不少　　　　5. 较多　　6. 很多

7. 十分多

Q86. 土地被征后，您在经济上的可行能力（个人在经济上可选择的空间大小）？

1. 下降的十分多　　　　　　　2. 下降的很多

3. 有所下降　　　　　　　　　4. 没有变化

5. 有所提升　　　　　　　　　6. 提升的很多

7. 提升的十分多

Q87. 土地被征后，您在政治上的可行能力（个人在政治上可选择的空间大小）？

1. 下降的十分多　　　　　　　2. 下降的很多

3. 有所下降　　　　　　　　　4. 没有变化

5. 有所提升　　　　　　　　　6. 提升的很多

7. 提升的十分多

Q88. 土地被征后，您在文化上的可行能力（个人在文化生活上可选择的空间大小）？

1. 下降的十分多　　　　　　　2. 下降的很多

3. 有所下降　　　　　　　　　4. 没有变化

5. 有所提升　　　　　　　　　6. 提升的很多

7. 提升的十分多

（二）博弈能力

Q89. 征地过程中，您认为您凭自身或家人的智慧与地方政府或用地单位讨价还价并实现自身利益最大化的能力如何？

1. 十分弱　　　2. 很弱　　　3. 比较弱　　　4. 一般

5. 比较强　　　6. 很强　　　7. 十分强

Q90. 征地过程中，您认为您凭自身或家人的经验与地方政府或用地单位讨价还价并实现自身利益最大化的能力如何？

1. 十分弱　　　2. 很弱　　　3. 比较弱　　　4. 一般

5. 比较强　　　6. 很强　　　7. 十分强

Q91. 征地过程中，您认为您凭自己或家人所掌握的知识（如法律知识）与地方政府或用地单位讨价还价并实现自身利益最大化的能力如何？

1. 十分弱　　　2. 很弱　　　3. 比较弱　　　4. 一般

5. 比较强　　　6. 很强　　　7. 十分强

Q92. 征地过程中，您认为您凭自己或家人现有的人脉资源与地方政府或用地单位讨价还价并实现自身利益最大化的能力如何？

1. 十分弱　　　2. 很弱　　　3. 比较弱　　　4. 一般

5. 比较强　　　　　6. 很强　　　　　7. 十分强

Q93. 征地过程中，您认为您凭自己或家人现有的信息资源与地方政府或用地单位讨价还价并实现自身利益最大化的能力如何？

1. 十分弱　　　　　2. 很弱　　　　　3. 比较弱　　　　4. 一般

5. 比较强　　　　　6. 很强　　　　　7. 十分强

Q94. 征地过程中，您认为您凭自己或家人现有的社会地位或社会影响与地方政府或用地单位讨价还价并实现自身利益最大化的能力如何？

1. 十分弱　　　　　2. 很弱　　　　　3. 比较弱　　　　4. 一般

5. 比较强　　　　　6. 很强　　　　　7. 十分强

Q95. 征地过程中，您认为您凭自己或家人利用相关政策（如国家和地方制定的维护失地农民权益的政策）与地方政府或用地单位讨价还价并实现自身利益最大化的能力如何？

1. 十分弱　　　　　2. 很弱　　　　　**3**. 比较弱　　　　4. 一般

5. 比较强　　　　　6. 很强　　　　　7. 十分强

Q96. 征地过程中，您认为失地农民之间"结盟"与地方政府或用地单位讨价还价对提高征地补偿的作用？

1. 十分小(或没有) 2. 很小　　　　　3. 较小　　　　　4. 一般

5. 较大　　　　　6. 很大　　　　　7. 十分大

（三）就业能力

Q97. 土地被征后，您的就业意识如何？

1. 十分淡薄　　　　2. 很淡薄　　　　3. 比较淡薄　　　4. 一般

5. 比较强　　　　　6. 很强　　　　　7. 十分强

Q98. 土地被征后，您的就业观念如何？

1. 十分陈旧　　　　2. 很陈旧　　　　3. 比较陈旧　　　4. 不新也不旧

5. 比较与时俱进　6. 很与时俱进　7. 十分与时俱进

Q99. 土地被征后，您的就业态度如何？

1. 十分消极　　　　2. 很消极　　　　3. 比较消极　　　4. 不消极也不积极

5. 比较积极　　　　6. 很积极　　　　7. 十分积极

Q100. 您认为您在工作中或与人共事中的人际协调能力如何？

1. 十分弱　　　　　2. 很弱　　　　　3. 比较弱　　　　4. 一般

5. 比较强　　　　　6. 很强　　　　　7. 十分强

Q101. 您认为您的自我管理能力如何？

1. 十分弱　　　2. 很弱　　　3. 比较弱　　　4. 一般

5. 比较强　　　6. 很强　　　7. 十分强

Q102. 您认为您目前所掌握的技能在就业中的竞争力程度？

1. 十分弱　　　2. 很弱　　　3. 比较弱　　　4. 一般

5. 比较强　　　6. 很强　　　7. 十分强

Q103. 您认为您目前或将来所从事的工作的稳定程度？

1. 十分不稳定　　2. 很不稳定　　3. 比较不稳定　4. 基本稳定

5. 比较稳定　　　6. 很稳定　　　7. 十分稳定

Q104. 您目前的劳动工资？

1. 十分低　　　2. 很低　　　3. 较低　　　4. 不高也不低

5. 较高　　　　6. 很高　　　7. 十分高

（四）创业能力

Q105. 如果您已经创业或想要创业，您已经或将来能找到的创业人力（帮手和下手）的数量情况？

1. 十分少(或没有) 2. 很少　　　3. 较少　　　4. 不多也不少

5. 较多　　　　6. 很多　　　7. 十分多

Q106. 如果您已经创业或想要创业，创业资金的筹集方面的难度如何？

1. 十分难　　　2. 很难　　　3. 比较难　　　4. 难度一般

5. 比较容易　　6. 很容易　　7. 十分容易

Q107. 如果您已经创业或想要创业，您已经或将来能筹集到的创业资金的数额情况？

1. 十分少（或没有）　　　2. 很少　　　　3. 较少

4. 不多也不少　　　　　5. 较多　　　　6. 很多

7. 十分多

Q108. 您已经掌握了多少与创业相关的知识？

1. 十分少（或没有）　　　2. 很少　　　　3. 较少

4. 不多也不少　　　　　5. 较多　　　　6. 很多

7. 十分多

Q109. 您对创业的热情如何？

1. 十分低　　　2. 很低　　　3. 较低　　　4. 一般（不高也不低）

5. 比较高　　　6. 很高　　　7. 十分高

Q110. 您认为您是否适合创业？

1. 十分不合适　　　2. 很不适合　　　3. 比较不适合　4. 基本适合

5. 比较适合　　　6. 很适合　　　7. 十分适合

Q111. 如果您已经创业或想要创业，您认为您的下属追随您的意愿如何？

1. 十分不愿意　　2. 很不愿意　　3. 比较不愿意　4. 基本上愿意

5. 比较愿意　　　6. 很愿意　　　7. 十分愿意

Q112. 目前，您平均每月因创业而获得的经营性收入的多少情况是？

1. 十分少（或没有）　　　　2. 很少　　　　3. 较少

4. 不多也不少　　　　　　5. 较多　　　　6. 很多

7. 十分多

（五）参保能力

Q113. 如果政府或村委会（或居委会或社区）组织您参加养老保险，您的意愿情况是？

1. 十分不愿意　　2. 很不愿意　　3. 比较不愿意　4. 基本上愿意

5. 比较愿意　　　6. 很愿意　　　7. 十分愿意

Q114. 如果政府或村委会（或居委会或社区）组织您参加失业保险，您的意愿情况是？

1. 十分不愿意　　2. 很不愿意　　3. 比较不愿意　4. 基本上愿意

5. 比较愿意　　　6. 很愿意　　　7. 十分愿意

Q115. 如果政府或村委会（或居委会或社区）组织您参加医疗保险，您的意愿情况是？

1. 十分不愿意　　2. 很不愿意　　3. 比较不愿意　4. 基本上愿意

5. 比较愿意　　　6. 很愿意　　　7. 十分愿意

Q116. 如果政府或村委会（或居委会或社区）组织您参加工伤保险，您的意愿情况是？

1. 十分不愿意　　2. 很不愿意　　3. 比较不愿意　4. 基本上愿意

5. 比较愿意　　　6. 很愿意　　　7. 十分愿意

Q117. 如果政府或村委会（或居委会或社区）组织您或您的家人参加生育保险，您或您的家人意愿情况是？

1. 十分不愿意　　2. 很不愿意　　3. 比较不愿意　4. 基本上愿意

5. 比较愿意　　　6. 很愿意　　　7. 十分愿意

Q118. 参加社会保险您个人也需要缴纳一定的费用，您认为这一做法的合理程度如何？

1. 十分不合理　　2. 很不合理　　3. 比较不合理　4. 基本合理

5. 比较合理　　　6. 很合理　　　7. 十分合理

Q119. 您认为您参加社会保险的经济承受能力如何？

1. 十分小（或没有）　　　　2. 很小　　　　3. 较小

4. 一般　　　　　　　　　　5. 较大　　　　6. 很大

7. 十分大

Q120. 您已经领取的社保基金的多少情况是？

1. 十分少（或没有）　　　　2. 很少　　　　3. 较少

4. 不多也不少　　　　　　　5. 较多　　　　6. 很多

7. 十分多

第二部分　基本信息

（请在相应的选项打"√"，或在"＿＿＿"中填写相应的内容）

Q121. 您是否是家长（户主）？

1. 是　　　　　　2. 否

Q122. 您家的失地状态是？

1. 完全失地　　　2. 部分失地　　3. 没有失地

Q123. 您的文化程度为？

1. 文盲　　　　　2. 小学　　　　3. 初中　　　　4. 高中或中专

5. 大专　　　　　6. 本科　　　　7. 研究生

Q124. 您现在的年龄为＿＿＿＿岁？

Q125. 您的性别？

1. 男　　　　　　2. 女

Q126. 家庭人口共＿＿＿＿人。

Q127. 家中劳动力人口共＿＿＿＿人。

Q128. 家中就业人口共＿＿＿＿人。

Q129. 联系电话：＿＿＿＿＿＿＿＿。

Q130. 您的姓名：＿＿＿＿＿＿＿＿。

问卷到此结束，非常感谢您的配合！

附件三 信度检验后使用的调查问卷

调查地点：_____省_____市_____县（市、区）_____镇（乡、街道）_____村（居委会）_____组

调查时间：_____年_____月_____日；调查员姓名：_____；调查员编号：_____；调查问卷编号：_____

第一部分 量表问卷

（此部分为程度排序题，请根据您的真实看法及实际情况在相应的选项上打"√"）

一、生计资本

（一）人力资本

Q5. 您的谋生技能的熟练程度？

1. 十分生疏　　　2. 很生疏　　　3. 较生疏　　　4. 一般

5. 较熟练　　　　6. 很熟练　　　7. 十分熟练

Q6. 您的谋生技能的市场需求？

1. 十分小　　　　2. 很小　　　　3. 较小　　　　4. 一般

5. 较大　　　　　6. 很大　　　　7. 十分大

Q7. 您在本地或本单位的资历情况如何？

1 十分浅　　　　2. 很浅　　　　3. 较浅　　　　4. 一般

5. 较深　　　　　6. 很深　　　　7. 十分深

Q8. 您认为您在社会中的地位？

1. 十分低　　　　2. 很低　　　　3. 较低　　　　4. 一般

5. 较高　　　　　6. 很高　　　　7. 十分高

（二）社会资本

Q13. 地方政府或村（居）委会或社区或您本人的所在单位为您提供社会

保障？

1. 十分少　　　　2. 很少　　　　3. 较少　　　　4. 不多也不少

5. 较多　　　　　6. 很多　　　　7. 十分多

Q14. 地方政府或村（居）委会或社区或您本人的所在单位为您提供安置政策？

1. 十分不实惠　　2. 很不实惠　　3. 不是很实惠　4. 实惠

5. 较实惠　　　　6. 很实惠　　　7. 十分实惠

Q15. 地方政府或村（居）委会或社区或您本人的所在单位为您提供就业服务？

1. 十分不到位　　2. 很不到位　　3. 比较不到位　4. 基本到位

5. 比较到位　　　6. 很到位　　　7. 十分到位

Q16. 地方政府或村（居）委会或社区或您本人的所在单位对您显露的关心程度？

1. 十分不关心　　2. 很不关心　　3. 不太关心　　4. 关心

5. 比较关心　　　6. 很关心　　　7. 十分关心

（三）自然资本

Q17. 原有土地被征后，您家可以用于种植的土地的面积的变化情况（含耕地、山地、林地等）？

1. 减少了很多（或没有了）　　2. 减少了较多　3. 减少了较少

4. 面积没有变化　　　　　　　5. 增加了较少　6. 增加了较多

7. 增加了很多

Q20. 被征的土地获得的征地补偿款？

1. 十分少　　　　2. 很少　　　　3. 较少　　　　4. 不多也不少

5. 较多　　　　　6. 很多　　　　7. 十分多

Q24. 土地被征后，当地的经济作物？

1. 大量减少　　　2. 少量减少　　3. 略有减少　　4. 数量没有变化

5. 略有增加　　　6. 少量增加　　7. 大量增加

（四）物质资本

Q25. 您家拥有的用于经营或出租的厂房面积？

1. 十分小（或没有）　　　　2. 很小　　　　　3. 较小

4. 不大也不小　　　　　　　5. 较大　　　　　6. 很大

7. 十分大

Q26. 您家拥有的用于谋生的小作坊面积?

1. 十分小（或没有）　　　　　2. 很小　　　　3. 较小

4. 不大也不小　　　　　　　　5. 较大　　　　6. 很大

7. 十分大

Q27. 您家拥有的用于出租或经营的店面面积?

1. 十分小（或没有）　　　　　2. 很小　　　　3. 较小

4. 不大也不小　　　　　　　　5. 较大　　　　6. 很大

7. 十分大

Q28. 您家拥有的用于出租的住房面积?

1. 十分小（或没有）　　　　　2. 很小　　　　3. 较小

4. 不大也不小　　　　　　　　5. 较大　　　　6. 很大

7. 十分大

Q29. 您家拥有的用于出租或载客的交通工具（如汽车、摩托车等）数量?

1. 十分少（或没有）　　　　　2. 很少　　　　3. 较少

4. 不多也不少　　　　　　　　5. 较多　　　　6. 很多

7. 十分多

Q30. 您家拥有的用于出租或办公的电子产品（如计算机、数码相机、数码摄像机、打印机、传真机等）数量?

1. 十分少（或没有）　　　　　2. 很少　　　　3. 较少

4. 不多也不少　　　　　　　　5. 较多　　　　6. 很多

7. 十分多

Q31. 您家拥有的用于出租或为赚钱家人自己操作的机械（如农业机械、农副加工机械、园林机械、畜牧机械、粮油机械等）数量?

1. 十分少（或没有）　　　　　2. 很少　　　　3. 较少

4. 不多也不少　　　　　　　　5. 较多　　　　6. 很多

7. 十分多

Q32. 您家拥有的用于出租或为赚钱家人自己操作的设备（如灌溉设备、渔业设备等）数量?

1. 十分少（或没有）　　　　　2. 很少　　　　3. 较少

4. 不多也不少　　　　　　　　5. 较多　　　　6. 很多

7. 十分多

（五）金融资本

Q33. 您家的存款？

1. 十分少（或没有）　　　　　　2. 很少　　　　　3. 较少

4. 不多也不少　　　　　　　　　5. 较多　　　　　6. 很多

7. 十分多

Q35. 您家借给他人的钱？

1. 十分少（或没有）　　　　　　2. 很少　　　　　3. 较少

4. 不多也不少　　　　　　　　　5. 较多　　　　　6. 很多

7. 十分多

Q36. 您家购买的证券（如股票、基金、债券等）或保险金？

1. 十分少（或没有）　　　　　　2. 很少　　　　　3. 较少

4. 不多也不少　　　　　　　　　5. 较多　　　　　6. 很多

7. 十分多

Q37. 您家每年的工资性收入？

1. 十分少（或没有）　　　　　　2. 很少　　　　　3. 较少

4. 不多也不少　　　　　　　　　5. 较多　　　　　6. 很多

7. 十分多

Q38. 您家每年的经营性收入？

1. 十分少（或没有）　　　　　　2. 很少　　　　　3. 较少

4. 不多也不少　　　　　　　　　5. 较多　　　　　6. 很多

7. 十分多

Q39. 您家每年的财产性收入（如利息、股息、租金、红利等）？

1. 十分少（或没有）　　　　　　2. 很少　　　　　3. 较少

4. 不多也不少　　　　　　　　　5. 较多　　　　　6. 很多

7. 十分多

Q40. 您家每年的转移性收入（如离退休金、失业救济金、赔偿等；辞退金、保险索赔、住房公积金、家庭间的赠送和赡养等）？

1. 十分少（或没有）　　　　　　2. 很少　　　　　3. 较少

4. 不多也不少　　　　　　　　　5. 较多　　　　　6. 很多

7. 十分多

二、生计政策

（一）土地政策

Q41 - Q48 信度检验后全部被删除。

（二）补偿政策

Q49. 您认为政府征地时在程序上（如是否依照法定程序发布征地补偿和安置方案公告、听取意见等）是否公平？

1. 十分不公平　　2. 很不公平　　3. 较不公平　　4. 公平

5. 较公平　　　　6. 很公平　　　7. 十分公平

Q50. 您认为当地征地的土地补偿费（对在土地上的投入和收益造成损失的补偿）的补偿标准？

1. 十分低　　　　2. 很低　　　　3. 较低　　　　4. 不高也不低

5. 较高　　　　　6. 很高　　　　7. 十分高

Q51. 您认为当地征地的安置补助费（为了解决以土地为主要生产资料并取得生活来源的农业人口因失去土地造成生活困难所给予的补助费用）的补偿标准？

1. 十分低　　　　2. 很低　　　　3. 较低　　　　4. 不高也不低

5. 较高　　　　　6. 很高　　　　7. 十分高

Q52. 您认为当地征地的青苗补偿费（对被征收土地上已生长的农作物造成损失所给予的一次性经济补偿的费用）的补偿标准？

1. 十分低　　　　2. 很低　　　　3. 较低　　　　4. 不高也不低

5. 较高　　　　　6. 很高　　　　7. 十分高

Q53. 您认为当地征地的地上附着物补偿费（对被征收土地上的建筑物、构筑物，如房屋、水井、道路、管线、水渠等的拆迁和恢复费用）的补偿标准？

1. 十分低　　　　2. 很低　　　　3. 较低　　　　4. 不高也不低

5. 较高　　　　　6. 很高　　　　7. 十分高

Q54. 您认为当地征收农民的宅基地的补偿标准？

1. 十分低　　　　2. 很低　　　　3. 较低　　　　4. 不高也不低

5. 较高　　　　　6. 很高　　　　7. 十分高

Q56. 您认为当前的征地补偿安置方式？

1. 十分不合理　　2. 很不合理　　3. 较不合理　　4. 基本合理

5. 较合理　　　　6. 很合理　　　7. 十分合理

（三）就业政策

Q57. 土地被征后，您认为政府针对失地农民举办的就业培训的次数？

1. 十分少（或没有）　　　　　2. 很少　　　　　3. 较少

4. 不多也不少　　　　　　　　5. 较多　　　　　6. 很多

7. 十分多

Q58. 土地被征后，您认为政府为维护失地农民劳动与就业的权利所制定的政策或采取的举措？

1. 十分不给力　　2. 很不给力　　3. 较不给力　　4. 给力

5. 较给力　　　　6. 很给力　　　7. 十分给力

Q59. 土地被征后，您认为政府为失地农民提供的就业信息？

1. 十分少（或没有）　　　　　2. 很少　　　　　3. 较少

4. 不多也不少　　　　　　　　5. 较多　　　　　6. 很多

7. 十分多

Q60. 土地被征后，您认为政府为失地农民直接或间接（如引荐、介绍、劳务输出等）提供的就业岗位？

1. 十分少（或没有）　　　　　2. 很少　　　　　3. 较少

4. 不多也不少　　　　　　　　5. 较多　　　　　6. 很多

7. 十分多

Q63. 土地被征后，政府鼓励和支持失地农民就业的渠道？

1. 十分少（或没有）　　　　　2. 很少　　　　　3. 较少

4. 不多也不少　　　　　　　　5. 较多　　　　　6. 很多

7. 十分多

Q64. 土地被征后，您对政府制定的针对失地农民的就业支持与服务的政策体系的总体评价？

1. 十分不满意　　2. 很不满意　　3. 较不满意　　4. 基本满意

5. 较满意　　　　6. 很满意　　　7. 十分满意

（四）创业政策

Q65. 据您了解，当地政府为失地农民举办的创业培训的次数？

1. 十分少（或没有）　　　　　2. 很少　　　　　3. 较少

4. 不多也不少　　　　　　　　5. 较多　　　　　6. 很多

7. 十分多

Q66. 据您了解，当地政府为创业的失地农民减免的税费？

1. 十分少（或没有）　　　　　2. 很少　　　　　3. 较少

4. 不多也不少   5. 较多   6. 很多

7. 十分多

Q67. 据您了解，当地政府为创业的失地农民小额贷款的贴息？

1. 十分少（或没有）   2. 很少   3. 较少

4. 不多也不少   5. 较多   6. 很多

7. 十分多

Q68. 据您了解，当地政府为创业的失地农民的补贴或奖励？

1. 十分少（或没有）   2. 很少   3. 较少

4. 不多也不少   5. 较多   6. 很多

7. 十分多

Q69. 据您了解，当地政府为创业的失地农民提供的跟踪指导？

1. 十分少（或没有）   2. 很少   3. 较少

4. 不多也不少   5. 较多   6. 很多

7. 十分多

Q70. 土地被征后，当地政府为失地农民提供的创业信息？

1. 十分少（或没有）   2. 很少   3. 较少

4. 不多也不少   5. 较多   6. 很多

7. 十分多

Q71. 土地被征后，当地政府为失地农民提供的创业环境？

1. 十分差   2. 很差   3. 比较差   4. 一般（不好也不差）

5. 比较好   6. 很好   7. 十分好

Q72. 您对当地政府为失地农民制定并提供的创业政策的总体评价是？

1. 十分不满意   2. 很不满意   3. 较不满意   4. 基本满意

5. 较满意   6. 很满意   7. 十分满意

（五）社保政策

Q74. 土地被征后，政府为失地农民提供的失业保险？

1. 十分不到位   2. 很不到位   3. 比较不到位   4. 基本到位

5. 比较到位   6. 很到位   7. 十分到位

Q76. 土地被征后，政府为失地农民提供的工伤保险？

1. 十分不到位   2. 很不到位   3. 比较不到位   4. 基本到位

5. 比较到位   6. 很到位   7. 十分到位

Q77. 土地被征后，政府为失地农民提供的生育保险？

1. 十分不到位　　2. 很不到位　　3. 比较不到位　4. 基本到位

5. 比较到位　　　6. 很到位　　　7. 十分到位

Q78. 土地被征后，政府为失地农民提供的社会福利？

1. 十分不到位　　2. 很不到位　　3. 比较不到位　4. 基本到位

5. 比较到位　　　6. 很到位　　　7. 十分到位

Q79. 土地被征后，政府为生活十分困难的失地农民提供的社会救济？

1. 十分不到位　　2. 很不到位　　3. 比较不到位　4. 基本到位

5. 比较到位　　　6. 很到位　　　7. 十分到位

Q80. 土地被征后，您对政府为失地农民提供的社会保障的总体评价？

1. 十分不满意　　2. 很不满意　　3. 较不满意　　4. 基本满意

5. 较满意　　　　6. 很满意　　　7. 十分满意

三、生计能力

（一）可行能力

Q81. 土地被征后，您在吃、穿、住、行方面可选择的空间？

1. 十分小（或没有）　　　　2. 很小　　　3. 较小

4. 不大也不小　　　　　　　5. 较大　　　6. 很大

7. 十分大

Q82. 土地被征后，您在读书、学习、培训方面可选择的空间？

1. 十分小（或没有）　　　　2. 很小　　　3. 较小

4. 不大也不小　　　　　　　5. 较大　　　6. 很大

7. 十分大

Q83. 土地被征后，您在休闲、娱乐、旅行方面可选择的空间？

1. 十分小（或没有）　　　　2. 很小　　　3. 较小

4. 不大也不小　　　　　　　5. 较大　　　6. 很大

7. 十分大

Q84. 土地被征后，您政治参与（如投票选举）方面可选择的空间？

1. 十分小（或没有）　　　　2. 很小　　　3. 较小

4. 不大也不小　　　　　　　5. 较大　　　6. 很大

7. 十分大

Q85. 您在利益表达与权利伸张方面可选择的渠道？

1. 十分少（或没有）　　　　2. 很少　　　3. 较少

4. 不多也不少　　　　　　　5. 较多　　　6. 很多

7. 十分多

Q86. 土地被征后，您在经济上的可行能力（个人在经济上可选择的空间大小）？

1. 下降了十分多　2. 下降了很多　3. 有所下降　　4. 没有变化

5. 有所提升　　　6. 提升了很多　7. 提升了十分多

（二）博弈能力

Q89. 征地过程中，您认为您凭自身或家人的智慧与地方政府或用地单位讨价还价并实现自身利益最大化的能力如何？

1. 十分弱　　　　2. 很弱　　　　3. 比较弱　　　4. 一般

5. 比较强　　　　6. 很强　　　　7. 十分强

Q90. 征地过程中，您认为您凭自身或家人的经验与地方政府或用地单位讨价还价并实现自身利益最大化的能力如何？

1. 十分弱　　　　2. 很弱　　　　3. 比较弱　　　4. 一般

5. 比较强　　　　6. 很强　　　　7. 十分强

Q91. 征地过程中，您认为您凭自己或家人所掌握的知识（如法律知识）与地方政府或用地单位讨价还价并实现自身利益最大化的能力如何？

1. 十分弱　　　　2. 很弱　　　　3. 比较弱　　　4. 一般

5. 比较强　　　　6. 很强　　　　7. 十分强

Q92. 征地过程中，您认为您凭自己或家人现有的人脉资源与地方政府或用地单位讨价还价并实现自身利益最大化的能力如何？

1. 十分弱　　　　2. 很弱　　　　3. 比较弱　　　4. 一般

5. 比较强　　　　6. 很强　　　　7. 十分强

Q93. 征地过程中，您认为您凭自己或家人现有的信息资源与地方政府或用地单位讨价还价并实现自身利益最大化的能力如何？

1. 十分弱　　　　2. 很弱　　　　3. 比较弱　　　4. 一般

5. 比较强　　　　6. 很强　　　　7. 十分强

Q94. 征地过程中，您认为您凭自己或家人现有的社会地位或社会影响与地方政府或用地单位讨价还价并实现自身利益最大化的能力如何？

1. 十分弱　　　　2. 很弱　　　　3. 比较弱　　　4. 一般

5. 比较强　　　　6. 很强　　　　7. 十分强

Q95. 征地过程中，您认为您凭自己或家人利用相关政策（如国家和地方制定的维护失地农民权益的政策）与地方政府或用地单位讨价还价并实现自身利益最大化的能力如何?

1. 十分弱　　　　2. 很弱　　　　3. 比较弱　　　　4. 一般

5. 比较强　　　　6. 很强　　　　7. 十分强

（三）就业能力

Q100. 您认为您在工作中或与人共事中的人际协调能力如何?

1. 十分弱　　　　2. 很弱　　　　3. 比较弱　　　　4. 一般

5. 比较强　　　　6. 很强　　　　7. 十分强

Q102. 您认为您目前所掌握的技能在就业中的竞争力程度?

1. 十分弱　　　　2. 很弱　　　　3. 比较弱　　　　4. 一般

5. 比较强　　　　6. 很强　　　　7. 十分强

Q103. 您认为您目前或将来所从事的工作的稳定程度?

1. 十分不稳定　　2. 很不稳定　　3. 比较不稳定　4. 基本稳定

5. 比较稳定　　　6. 很稳定　　　7. 十分稳定

Q104. 您目前的劳动工资?

1. 十分低　　　　2. 很低　　　　3. 较低　　　　4. 不高也不低

5. 较高　　　　　6. 很高　　　　7. 十分高

（四）创业能力

Q105. 如果您已经创业或想要创业，您已经或将来能找到的创业人力（帮手和下手）的数量情况?

1. 十分少（或没有）　　　　2. 很少　　　　3. 较少

4. 不多也不少　　　　　　　5. 较多　　　　6. 很多

7. 十分多

Q106. 如果您已经创业或想要创业，创业资金的筹集方面的难度如何?

1. 十分难　　　　2. 很难　　　　3. 比较难　　　　4. 难度一般

5. 比较容易　　　6. 很容易　　　7. 十分容易

Q107. 如果您已经创业或想要创业，您已经或将来能筹集到的创业资金的数额情况?

1. 十分少（或没有）　　　　2. 很少　　　　3. 较少

4. 不多也不少　　　　　　　5. 较多　　　　6. 很多

7. 十分多

Q108. 您已经掌握了多少与创业相关的知识?

1. 十分少（或没有）　　　　2. 很少　　　　3. 较少

4. 不多也不少　　　　　5. 较多　　　6. 很多

7. 十分多

Q112. 目前，您平均每月因创业而获得的经营性收入的多少情况是?

1. 十分少（或没有）　　　2. 很少　　　3. 较少

4. 不多也不少　　　　　5. 较多　　　6. 很多

7. 十分多

（五）参保能力

Q119. 您认为您参加社会保险的经济承受能力如何?

1. 十分小（或没有）　　　2. 很小　　　3. 较小

4. 一般　　　　　　　　5. 较大　　　6. 很大

7. 十分大

第二部分　基本信息

（请在相应的选项打"√"，或在"____"中填写相应的内容）

Q121. 您是否是家长（户主）?

1. 是　　　　　　2. 否

Q122. 您家的失地状态是?

1. 完全失地　　　2. 部分失地　　3. 没有失地

Q123. 您的文化程度为?

1. 文盲　　　　　2. 小学　　　　3. 初中　　　　4. 高中或中专

5. 大专　　　　　6. 本科　　　　7. 研究生

Q124. 您现在的年龄为_____岁?

Q125. 您的性别?

1. 男　　　　　　2. 女

Q126. 家庭人口共_____人。

Q127. 家中劳动力人口共_____人。

Q128. 家中就业人口共_____人。

Q129. 联系电话：_____。

Q130. 您的姓名：_____。

问卷到此结束，非常感谢您的配合!

附件四　模型修正后精简模型使用的调查问卷

调查地点：_____省_____市_____县（市、区）_____镇（乡、街道）_____村（居委会）_____组

调查时间：_____年_____月_____日；调查员姓名：_____；调查员编号：_____；调查问卷编号：_____

第一部分　量表问卷

（此部分为程度排序题，请根据您的真实看法及实际情况在相应的选项上打"√"）

一、生计资本

（一）非金融资本

Q1. 您的谋生技能的熟练程度？

1. 十分生疏　　　2. 很生疏　　　3. 较生疏　　　4. 一般

5. 较熟练　　　　6. 很熟练　　　7. 十分熟练

Q2. 您的谋生技能的市场需求？

1. 十分小　　　　2. 很小　　　　3. 较小　　　　4. 一般

5. 较大　　　　　6. 很大　　　　7. 十分大

Q3. 您在本地或本单位的资历情况如何？

1 十分浅　　　　2. 很浅　　　　3. 较浅　　　　4. 一般

5. 较深　　　　　6. 很深　　　　7. 十分深

Q4. 您认为您在社会中的地位？

1. 十分低　　　　2. 很低　　　　3. 较低　　　　4. 一般

5. 较高　　　　　6. 很高　　　　7. 十分高

Q5. 地方政府或村（居）委会或社区或您本人的所在单位为您提供社会

保障？

1. 十分少   2. 很少   3. 较少   4. 不多也不少

5. 较多   6. 很多   7. 十分多

Q6. 地方政府或村（居）委会或社区或您本人的所在单位为您提供安置政策？

1. 十分不实惠   2. 很不实惠   3. 不是很实惠   4. 实惠

5. 较实惠   6. 很实惠   7. 十分实惠

Q7. 地方政府或村（居）委会或社区或您本人的所在单位为您提供就业服务？

1. 十分不到位   2. 很不到位   3. 比较不到位   4. 基本到位

5. 比较到位   6. 很到位   7. 十分到位

Q8. 地方政府或村（居）委会或社区或您本人的所在单位对您显露的关心程度？

1. 十分不关心   2. 很不关心   3. 不太关心   4. 关心

5. 比较关心   6. 很关心   7. 十分关心

Q9. 您家拥有的用于经营或出租的厂房面积？

1. 十分小（或没有）   2. 很小   3. 较小

4. 不大也不小   5. 较大   6. 很大

7. 十分大

Q10. 您家拥有的用于谋生的小作坊面积？

1. 十分小（或没有）   2. 很小   3. 较小

4. 不大也不小   5. 较大   6. 很大

7. 十分大

Q11. 您家拥有的用于出租或经营的店面面积？

1. 十分小（或没有）   2. 很小   3. 较小

4. 不大也不小   5. 较大   6. 很大

7. 十分大

Q12. 您家拥有的用于出租的住房面积？

1. 十分小（或没有）   2. 很小   3. 较小

4. 不大也不小   5. 较大   6. 很大

7. 十分大

Q13. 您家拥有的用于出租或载客的交通工具（如汽车、摩托车等）

数量?

1. 十分少（或没有）　　　　2. 很少　　　　3. 较少
4. 不多也不少　　　　　　　5. 较多　　　　6. 很多
7. 十分多

Q14. 您家拥有的用于出租或办公的电子产品（如计算机、数码相机、数码摄像机、打印机、传真机等）数量?

1. 十分少（或没有）　　　　2. 很少　　　　3. 较少
4. 不多也不少　　　　　　　5. 较多　　　　6. 很多
7. 十分多

Q15. 您家拥有的用于出租或为赚钱家人自己操作的机械（如农业机械、农副加工机械、园林机械、畜牧机械、粮油机械等）数量?

1. 十分少（或没有）　　　　2. 很少　　　　3. 较少
4. 不多也不少　　　　　　　5. 较多　　　　6. 很多
7. 十分多

Q16. 您家拥有的用于出租或为赚钱家人自己操作的设备（如灌溉设备、渔业设备等）数量?

1. 十分少（或没有）　　　　2. 很少　　　　3. 较少
4. 不多也不少　　　　　　　5. 较多　　　　6. 很多
7. 十分多

（二）金融资本

Q17. 被征的土地获得的征地补偿款?

1. 十分少　　　2. 很少　　　3. 较少　　　4. 不多也不少
5. 较多　　　6. 很多　　　7. 十分多

Q18. 您家的存款?

1. 十分少（或没有）　　　　2. 很少　　　　3. 较少
4. 不多也不少　　　　　　　5. 较多　　　　6. 很多
7. 十分多

Q19. 您家借给他人的钱?

1. 十分少（或没有）　　　　2. 很少　　　　3. 较少
4. 不多也不少　　　　　　　5. 较多　　　　6. 很多
7. 十分多

Q20. 您家购买的证券（如股票、基金、债券等）或保险金?

1. 十分少（或没有）   2. 很少   3. 较少

4. 不多也不少   5. 较多   6. 很多

7. 十分多

Q21. 您家每年的工资性收入？

1. 十分少（或没有）   2. 很少   3. 较少

4. 不多也不少   5. 较多   6. 很多

7. 十分多

Q22. 您家每年的经营性收入？

1. 十分少（或没有）   2. 很少   3. 较少

4. 不多也不少   5. 较多   6. 很多

7. 十分多

Q23. 您家每年的财产性收入（如利息、股息、租金、红利等)？

1. 十分少（或没有）   2. 很少   3. 较少

4. 不多也不少   5. 较多   6. 很多

7. 十分多

Q24. 您家每年的转移性收入（如离退休金、失业救济金、赔偿等；辞退金、保险索赔、住房公积金、家庭间的赠送和赡养等)？

1. 十分少（或没有）   2. 很少   3. 较少

4. 不多也不少   5. 较多   6. 很多

7. 十分多

二、生计政策

（一）货币补偿政策

Q25. 您认为政府征地时在货币补偿安置的程序上（如是否依照法定程序发布征地补偿和安置方案公告、听取意见等）是否公平？

1. 十分不公平   2. 很不公平   3. 较不公平   4. 公平

5. 较公平   6. 很公平   7. 十分公平

Q26. 您认为当地征地的土地补偿费（对在土地上的投入和收益造成损失的补偿）的补偿标准？

1. 十分低   2. 很低   3. 较低   4. 不高也不低

5. 较高   6. 很高   7. 十分高

Q27. 您认为当地征地的安置补助费（为了解决以土地为主要生产资料并

取得生活来源的农业人口因失去土地造成生活困难所给予的补助费用）的补偿标准？

1. 十分低　　　　2. 很低　　　　3. 较低　　　　4. 不高也不低
5. 较高　　　　　6. 很高　　　　7. 十分高

Q28. 您认为当地征地的青苗补偿费（对被征收土地上已生长的农作物造成损失所给予的一次性经济补偿的费用）的补偿标准？

1. 十分低　　　　2. 很低　　　　3. 较低　　　　4. 不高也不低
5. 较高　　　　　6. 很高　　　　7. 十分高

Q29. 您认为当地征地的地上附着物补偿费（对被征收土地上的建筑物、构筑物，如房屋、水井、道路、管线、水渠等的拆迁和恢复费用）的补偿标准？

1. 十分低　　　　2. 很低　　　　3. 较低　　　　4. 不高也不低
5. 较高　　　　　6. 很高　　　　7. 十分高

Q30. 您认为当地征收农民的宅基地的补偿标准？

1. 十分低　　　　2. 很低　　　　3. 较低　　　　4. 不高也不低
5. 较高　　　　　6. 很高　　　　7. 十分高

Q31. 您认为当前的征地的货币补偿安置方式？

1. 十分不合理　　2. 很不合理　　3. 较不合理　　4. 基本合理
5. 较合理　　　　6. 很合理　　　7. 十分合理

（二）非货币补偿政策

Q32. 土地被征后，您认为政府针对失地农民举办的就业培训的次数？

1. 十分少（或没有）　　　　5. 很少　　　　3. 较少
4. 不多也不少　　　　　　　5. 较多　　　　6. 很多
7. 十分多

Q33. 土地被征后，您认为政府为维护失地农民劳动与就业的权利所制定的政策或采取的举措？

1. 十分不给力　　2. 很不给力　　3. 较不给力　　4. 给力
5. 较给力　　　　6. 很给力　　　7. 十分给力

Q34. 土地被征后，您认为政府为失地农民提供的就业信息？

1. 十分少（或没有）　　　　2. 很少　　　　3. 较少
4. 不多也不少　　　　　　　5. 较多　　　　6. 很多
7. 十分多

Q35. 土地被征后，您认为政府为失地农民直接或间接（如引荐、介绍、劳务输出等）提供的就业岗位？

1. 十分少（或没有）　　　　2. 很少　　　　3. 较少
4. 不多也不少　　　　　　　5. 较多　　　　6. 很多
7. 十分多

Q36. 土地被征后，政府鼓励和支持失地农民就业的渠道？

1. 十分少（或没有）　　　　2. 很少　　　　3. 较少
4. 不多也不少　　　　　　　5. 较多　　　　6. 很多
7. 十分多

Q37. 土地被征后，您对政府制定的针对失地农民的就业支持与服务的政策体系的总体评价？

1. 十分不满意　　2. 很不满意　　3. 较不满意　　4. 基本满意
5. 较满意　　　　6. 很满意　　　7. 十分满意

Q38. 据您了解，当地政府为失地农民举办的创业培训的次数？

1. 十分少（或没有）　　　　2. 很少　　　　3. 较少
4. 不多也不少　　　　　　　5. 较多　　　　6. 很多
7. 十分多

Q39. 据您了解，当地政府为创业的失地农民减免的税费？

1. 十分少（或没有）　　　　2. 很少　　　　3. 较少
4. 不多也不少　　　　　　　5. 较多　　　　6. 很多
7. 十分多

Q40. 据您了解，当地政府为创业的失地农民小额贷款的贴息？

1. 十分少（或没有）　　　　2. 很少　　　　3. 较少
4. 不多也不少　　　　　　　5. 较多　　　　6. 很多
7. 十分多

Q41. 据您了解，当地政府为创业的失地农民的补贴或奖励？

1. 十分少（或没有）　　　　2. 很少　　　　3. 较少
4. 不多也不少　　　　　　　5. 较多　　　　6. 很多
7. 十分多

Q42. 据您了解，当地政府为创业的失地农民提供的跟踪指导？

1. 十分少（或没有）　　　　2. 很少　　　　3. 较少
4. 不多也不少　　　　　　　5. 较多　　　　6. 很多

7. 十分多

Q43. 土地被征后，当地政府为失地农民提供的创业信息？

1. 十分少（或没有） 2. 很少 3. 较少

4. 不多也不少 5. 较多 6. 很多

7. 十分多

Q44. 土地被征后，当地政府为失地农民提供的创业环境？

1. 十分差 2. 很差 3. 比较差 4. 一般（不好也不差）

5. 比较好 6. 很好 7. 十分好

Q45. 您对当地政府为失地农民制定并提供的创业政策的总体评价是？

1. 十分不满意 2. 很不满意 3. 较不满意 4. 基本满意

5. 较满意 6. 很满意 7. 十分满意

Q46. 土地被征后，政府为失地农民提供的失业保险？

1. 十分不到位 2. 很不到位 3. 比较不到位 4. 基本到位

5. 比较到位 6. 很到位 7. 十分到位

Q47. 土地被征后，政府为失地农民提供的工伤保险？

1. 十分不到位 2. 很不到位 3. 比较不到位 4. 基本到位

5. 比较到位 6. 很到位 7. 十分到位

Q48. 土地被征后，政府为失地农民提供的生育保险？

1. 十分不到位 2. 很不到位 3. 比较不到位 4. 基本到位

5. 比较到位 6. 很到位 7. 十分到位

Q49. 土地被征后，政府为失地农民提供的社会福利？

1. 十分不到位 2. 很不到位 3. 比较不到位 4. 基本到位

5. 比较到位 6. 很到位 7. 十分到位

Q50. 土地被征后，政府为生活十分困难的失地农民提供的社会救济？

1. 十分不到位 2. 很不到位 3. 比较不到位 4. 基本到位

5. 比较到位 6. 很到位 7. 十分到位

Q51. 土地被征后，您对政府为失地农民提供的社会保障的总体评价？

1. 十分不满意 2. 很不满意 3. 较不满意 4. 基本满意

5. 较满意 6. 很满意 7. 十分满意

三、生计能力

（一）生存能力

Q52. 土地被征后，您在吃、穿、住、行方面可选择的空间？

1. 十分小（或没有）　　　　　2. 很小　　　　3. 较小

4. 不大也不小　　　　　　　　5. 较大　　　　6. 很大

7. 十分大

Q53. 土地被征后，您在读书、学习、培训方面可选择的空间？

1. 十分小（或没有）　　　　　2. 很小　　　　3. 较小

4. 不大也不小　　　　　　　　5. 较大　　　　6. 很大

7. 十分大

Q54. 土地被征后，您在休闲、娱乐、旅行方面可选择的空间？

1. 十分小（或没有）　　　　　2. 很小　　　　3. 较小

4. 不大也不小　　　　　　　　5. 较大　　　　6. 很大

7. 十分大

Q55. 土地被征后，您政治参与（如投票选举）方面可选择的空间？

1. 十分小（或没有）　　　　　2. 很小　　　　3. 较小

4. 不大也不小　　　　　　　　5. 较大　　　　6. 很大

7. 十分大

Q56. 您在利益表达与权利伸张方面可选择的渠道？

1. 十分少（或没有）　　　　　2. 很少　　　　3. 较少

4. 不多也不少　　　　　　　　5. 较多　　　　6. 很多

7. 十分多

Q57. 土地被征后，您在经济上的可行能力（个人在经济上可选择的空间大小）？

1. 下降的十分多　2. 下降的很多　3. 有所下降　　4. 没有变化

5. 有所提升　　　　6. 提升的很多　7. 提升的十分多

Q58. 您认为您在工作中或与人共事中的人际协调能力如何？

1. 十分弱　　　　2. 很弱　　　　3. 比较弱　　　4. 一般

5. 比较强　　　　6. 很强　　　　7. 十分强

Q59. 您认为您目前所掌握的技能在就业中的竞争力程度？

1. 十分弱　　　　2. 很弱　　　　3. 比较弱　　　4. 一般

5. 比较强　　　　6. 很强　　　　7. 十分强

Q60. 您认为您目前或将来所从事的工作的稳定程度？

1. 十分不稳定　2. 很不稳定　　3. 比较不稳定　4. 基本稳定

5. 比较稳定　　　6. 很稳定　　　7. 十分稳定

Q61. 您目前的劳动工资？

1. 十分低 　　　 2. 很低 　　　　 3. 较低 　　　　 4. 不高也不低

5. 较高 　　　　 6. 很高 　　　　 7. 十分高

Q62. 如果您已经创业或想要创业，您已经或将来能找到的创业人力（帮手和下手）的数量情况？

1. 十分少（或没有） 　　　 2. 很少 　　　 3. 较少

4. 不多也不少 　　　　　　 5. 较多 　　　 6. 很多

7. 十分多

Q63. 如果您已经创业或想要创业，创业资金的筹集方面的难度如何？

1. 十分难 　　　 2. 很难 　　　 3. 比较难 　　　 4. 难度一般

5. 比较容易 　　 6. 很容易 　　 7. 十分容易

Q64. 如果您已经创业或想要创业，您已经或将来能筹集到的创业资金的数额情况？

1. 十分少（或没有） 　　　 2. 很少 　　　 3. 较少

4. 不多也不少 　　　　　　 5. 较多 　　　 6. 很多

7. 十分多

Q65. 您已经掌握了多少与创业相关的知识？

1. 十分少（或没有） 　　　 2. 很少 　　　 3. 较少

4. 不多也不少 　　　　　　 5. 较多 　　　 6. 很多

7. 十分多

Q66. 目前，您平均每月因创业而获得的经营性收入的数额情况是？

1. 十分少（或没有） 　　　 2. 很少 　　　 3. 较少

4. 不多也不少 　　　　　　 5. 较多 　　　 6. 很多

7. 十分多

Q67. 您认为您参加社会保险的经济承受能力如何？

1. 十分小（或没有） 　　　 2. 很小 　　　 3. 较小

4. 一般 　　　　　　　　　 5. 较大 　　　 6. 很大

7. 十分大

（二）博弈能力

Q68. 征地过程中，您认为您凭自身或家人的智慧与地方政府或用地单位讨价还价并实现自身利益最大化的能力如何？

1. 十分弱 　　　 2. 很弱 　　　 3. 比较弱 　　　 4. 一般

5. 比较强　　　6. 很强　　　7. 十分强

Q69. 征地过程中，您认为您凭自身或家人的经验与地方政府或用地单位讨价还价并实现自身利益最大化的能力如何？

1. 十分弱　　　2. 很弱　　　3. 比较弱　　　4. 一般

5. 比较强　　　6. 很强　　　7. 十分强

Q70. 征地过程中，您认为您凭自己或家人所掌握的知识（如法律知识）与地方政府或用地单位讨价还价并实现自身利益最大化的能力如何？

1. 十分弱　　　2. 很弱　　　3. 比较弱　　　4. 一般

5. 比较强　　　6. 很强　　　7. 十分强

Q71. 征地过程中，您认为您凭自己或家人现有的人脉资源与地方政府或用地单位讨价还价并实现自身利益最大化的能力如何？

1. 十分弱　　　2. 很弱　　　3. 比较弱　　　4. 一般

5. 比较强　　　6. 很强　　　7. 十分强

Q72. 征地过程中，您认为您凭自己或家人现有的信息资源与地方政府或用地单位讨价还价并实现自身利益最大化的能力如何？

1. 十分弱　　　2. 很弱　　　3. 比较弱　　　4. 一般

5. 比较强　　　6. 很强　　　7. 十分强

Q73. 征地过程中，您认为您凭自己或家人现有的社会地位或社会影响与地方政府或用地单位讨价还价并实现自身利益最大化的能力如何？

1. 十分弱　　　2. 很弱　　　3. 比较弱　　　4. 一般

5. 比较强　　　6. 很强　　　7. 十分强

Q74. 征地过程中，您认为您凭自己或家人利用相关政策（如国家和地方制定的维护失地农民权益的政策）与地方政府或用地单位讨价还价并实现自身利益最大化的能力如何？

1. 十分弱　　　2. 很弱　　　3. 比较弱　　　4. 一般

5. 比较强　　　6. 很强　　　7. 十分强

第二部分　基本信息

（请在相应的选项打"√"，或在"＿＿＿"中填写相应的内容）

Q75. 您是否是家长（户主）？

1. 是　　　2. 否

Q76. 您家的失地状态是?

1. 完全失地　　　2. 部分失地　　3. 没有失地

Q77. 您的文化程度为?

1. 文盲　　　　　2. 小学　　　　3. 初中　　　　4. 高中或中专

5. 大专　　　　　6. 本科　　　　7. 研究生

Q78. 您现在的年龄为_____岁?

Q79. 您的性别?

1. 男　　　　　　2. 女

Q80. 家庭人口共_____人。

Q81. 家中劳动力人口共_____人。

Q82. 家中就业人口共_____人。

Q83. 联系电话:_____。

Q84. 您的姓名:_____。

问卷到此结束,非常感谢您的配合!

附件五 模型修正后精简模型的输出结果

1. 变量基本情况 (Analysis Summary)

Date and Time

Date：2015 年 12 月 20 日

Time：15：41：29

Title

精简模型 4：2015 年 12 月 20 日 15：41

Notes for Group (Group number 1)

The model is recursive.

Sample size ＝489

2. 变量基本情况 (Variable Summary)

Your model contains the following variables (Group number 1)

Observed, endogenous variables

金融资本

非金融资本

博弈能力

非货币补偿政策

货币补偿政策

生存能力

Unobserved, endogenous variables

生计资本

生计能力

Unobserved, exogenous variables

生计政策

e4

e3

e5

e1

e2

e7

e8

e6

Variable counts（Group number 1）

Number of variables in your model：17

Number of observed variables：6

Number of unobserved variables：11

Number of exogenous variables：9

Number of endogenous variables：8

Parameter Summary（Group number 1）

	Weights	Covariances	Variances	Means	Intercepts	Total
Fixed	11	0	0	0	0	11
Labeled	0	0	0	0	0	0
Unlabeled	6	2	9	0	0	17
Total	17	2	9	0	0	28

Assessment of normality（Group number 1）

Variable	min	max	skew	c. r.	kurtosis	c. r.
生存能力	16. 000	70. 000	0. 056	0. 507	− 0. 428	− 1. 934
货币补偿政策	7. 000	29. 000	0. 265	2. 397	− 0. 849	− 3. 831
非货币补偿政策	20. 000	75. 000	0. 514	4. 636	− 0. 469	− 2. 117
博弈能力	7. 000	34. 000	0. 292	2. 637	− 1. 035	− 4. 670
非金融资本	16. 000	56. 000	0. 240	2. 168	− 0. 062	− 0. 278
金融资本	8. 000	25. 000	0. 588	5. 304	− 0. 138	− 0. 622
Multivariate					− 2. 972	− 3. 354

Observations farthest from the centroid（Mahalanobis distance）（Group number 1）

Observation number	Mahalanobis d-squared	p1	p2
14	12. 577	0. 050	1. 000
488	12. 555	0. 051	1. 000
194	12. 516	0. 051	1. 000
325	12. 392	0. 054	1. 000
317	12. 373	0. 054	1. 000
361	12. 304	0. 056	1. 000
58	12. 292	0. 056	1. 000
461	12. 114	0. 059	1. 000
92	12. 109	0. 060	1. 000
176	12. 080	0. 060	1. 000
276	11. 989	0. 062	1. 000
425	11. 898	0. 064	1. 000
128	11. 875	0. 065	1. 000
439	11. 844	0. 066	1. 000
69	11. 828	0. 066	1. 000
344	11. 827	0. 066	1. 000
102	11. 804	0. 066	0. 999
39	11. 775	0. 067	0. 999
67	11. 537	0. 073	0. 999
421	11. 535	0. 073	0. 999
46	11. 434	0. 076	0. 999
410	11. 423	0. 076	0. 998
432	11. 286	0. 080	0. 998
37	11. 270	0. 080	0. 997
240	11. 264	0. 081	0. 996
74	11. 224	0. 082	0. 994
51	11. 189	0. 083	0. 992

续表

Observation number	Mahalanobis d-squared	p1	p2
231	11.183	0.083	0.987
473	11.161	0.084	0.982
346	11.148	0.084	0.974
232	11.131	0.084	0.965
454	11.094	0.086	0.957
424	11.087	0.086	0.940
183	11.050	0.087	0.929
479	11.000	0.088	0.921
71	10.990	0.089	0.897
120	10.975	0.089	0.871
281	10.963	0.090	0.840
480	10.962	0.090	0.797
140	10.844	0.093	0.829
253	10.819	0.094	0.803
162	10.761	0.096	0.797
371	10.737	0.097	0.769
52	10.736	0.097	0.719
129	10.723	0.097	0.676
413	10.659	0.099	0.678
394	10.658	0.100	0.622
177	10.651	0.100	0.570
362	10.632	0.100	0.529
384	10.632	0.100	0.469
127	10.579	0.102	0.463
442	10.524	0.104	0.462
191	10.500	0.105	0.428
386	10.417	0.108	0.457

续表

Observation number	Mahalanobis d-squared	p1	p2
359	10. 370	0. 110	0. 449
40	10. 360	0. 110	0. 403
87	10. 344	0. 111	0. 366
214	10. 277	0. 113	0. 380
472	10. 257	0. 114	0. 348
416	10. 162	0. 118	0. 394
217	10. 161	0. 118	0. 343
230	10. 095	0. 121	0. 360
372	10. 092	0. 121	0. 313
228	10. 057	0. 122	0. 300
383	10. 020	0. 124	0. 290
151	10. 009	0. 124	0. 255
190	9. 998	0. 125	0. 223
411	9. 962	0. 126	0. 214
437	9. 887	0. 130	0. 240
44	9. 855	0. 131	0. 229
357	9. 850	0. 131	0. 195
174	9. 834	0. 132	0. 173
55	9. 818	0. 133	0. 153
377	9. 800	0. 133	0. 136
170	9. 799	0. 133	0. 110
350	9. 782	0. 134	0. 096
470	9. 687	0. 138	0. 126
273	9. 621	0. 142	0. 142
50	9. 567	0. 144	0. 151
263	9. 558	0. 145	0. 129
481	9. 514	0. 147	0. 132

续表

Observation number	Mahalanobis d-squared	p1	p2
179	9.449	0.150	0.149
212	9.446	0.150	0.124
349	9.435	0.151	0.107
207	9.385	0.153	0.114
445	9.380	0.153	0.095
109	9.367	0.154	0.082
343	9.329	0.156	0.082
304	9.240	0.161	0.110
419	9.218	0.162	0.101
282	9.199	0.163	0.092
393	9.080	0.169	0.144
168	9.068	0.170	0.128
396	9.063	0.170	0.108
251	9.041	0.171	0.100
485	8.978	0.175	0.117
469	8.875	0.181	0.169
271	8.851	0.182	0.161
482	8.834	0.183	0.148
43	8.814	0.184	0.138

3. 模型信息 （Notes for Model）

Computation of degrees of freedom （Default model）

Number of distinct sample moments：21

Number of distinct parameters to be estimated：17

Degrees of freedom （21 − 17）：4

Result （Default model）

Minimum was achieved

Chi-square = 0.944

Degrees of freedom = 4

Probability level = 0.918

4. 估计结果（Estimates）

Scalar Estimates（Group number 1 – Default model）
Maximum Likelihood Estimates
Regression Weights：（Group number 1 – Default model）

	Estimate	S. E.	C. R.	P	Label
生计资本 ← 生计政策	0.466	0.029	16.100	***	par_1
生计能力 ← 生计资本	0.699	0.113	6.162	***	par_2
生计能力 ← 生计政策	0.373	0.068	5.482	***	par_3
金融资本 ← 生计资本	0.431	0.024	17.670	***	par_4
货币补偿政策 ← 生计政策	0.410	0.022	18.996	***	par_5
非金融资本 ← 生计资本	1.000				
博弈能力 ← 生计能力	0.565	0.033	16.976	***	par_6
生存能力 ← 生计能力	1.000				
非货币补偿政策 ← 生计政策	1.000				

Standardized Regression Weights：（Group number 1 – Default model）

	Estimate
生计资本 ← 生计政策	0.781
生计能力 ← 生计资本	0.504
生计能力 ← 生计政策	0.451
金融资本 ← 生计资本	0.764
货币补偿政策 ← 生计政策	0.844
非金融资本 ← 生计资本	0.871
博弈能力 ← 生计能力	0.753
生存能力 ← 生计能力	0.857
非货币补偿政策 ← 生计政策	0.869

Covariances：（Group number 1 – Default model）

	Estimate	S. E.	C. R.	P	Label
e5 ↔ e1	8. 986	2. 191	4. 102	***	par_7
e2 ↔ e6	− 4. 264	1. 395	− 3. 058	0. 002	par_8

Correlations：（Group number 1 – Default model）

	Estimate
e5 ↔ e1	0. 304
e2 ↔ e6	− 0. 260

Variances：（Group number 1 – Default model）

	Estimate	S. E.	C. R.	P	Label
生计政策	126. 762	11. 423	11. 097	***	par_9
e7	17. 616	2. 449	7. 194	***	par_10
e8	16. 198	3. 646	4. 442	***	par_11
e4	6. 000	0. 507	11. 840	***	par_12
e3	14. 379	2. 003	7. 180	***	par_13
e5	21. 168	1. 735	12. 198	***	par_14
e1	41. 234	5. 505	7. 491	***	par_15
e2	8. 597	1. 025	8. 384	***	par_16
e6	31. 345	4. 273	7. 336	***	par_17

Squared Multiple Correlations：（Group number 1 – Default model）

	Estimate
生计资本	0. 610
生计能力	0. 813
生存能力	0. 735
货币补偿政策	0. 713
非货币补偿政策	0. 755
博弈能力	0. 567
非金融资本	0. 758
金融资本	0. 583

5. 修正指数 （Modification Indices）

Covariances：（Group number 1 – Default model）

	M. I.	Par Change

Variances：（Group number 1 – Default model）

	M. I.	Par Change

Regression Weights：（Group number 1 – Default model）

	M. I.	Par Change

Minimization History （Default model）

Iteration		Negative eigenvalues	Condition #	Smallest eigenvalue	Diameter	F	NTries	Ratio
0	e	6		−0.480	9999.000	1793.242	0	9999.000
1	e	6		−0.292	1.798	751.837	21	0.657
2	e *	1		−0.705	0.893	263.629	5	0.670
3	e	0	1841.187		0.537	71.907	6	0.690
4	e	0	94.171		0.725	42.970	2	0.000
5	e	0	70.359		0.542	14.921	1	0.676
6	e	0	58.927		0.190	1.710	1	1.071
7	e	0	56.532		0.061	0.950	1	1.041
8	e	0	58.377		0.005	0.944	1	1.007
9	e	0	58.327		0.000	0.944	1	1.000

Pairwise Parameter Comparisons（Default model）

Critical Ratios for Differences between Parameters（Default model）

	par_1	par_2	par_3	par_4	par_5	par_6	par_7	par_8	par_9	par_10	par_11	par_12	par_13	par_14	par_15	par_16	par_17
par_1	0.00																
par_2	1.90	0.00															
par_3	-1.34	-1.86	0.00														
par_4	-0.82	-2.42	0.78	0.00													
par_5	-1.95	-2.44	0.56	-0.64	0.00												
par_6	2.13	-1.10	2.36	3.25	3.66	0.00											
par_7	3.89	3.79	3.93	3.91	3.92	3.83	0.00										
par_8	-3.38	-3.61	-3.26	-3.37	-3.33	-3.48	-4.48	0.00									
par_9	11.05	11.04	11.05	11.06	11.05	11.05	9.86	11.66	0.00								
par_10	7.00	6.82	7.07	6.99	7.03	6.96	2.67	7.68	-9.39	0.00							
par_11	4.31	4.24	4.34	4.32	4.33	4.27	1.96	5.13	-9.15	-0.34	0.00						
par_12	10.96	10.16	10.99	10.81	11.02	10.70	-1.33	6.92	-10.56	-4.71	-2.77	0.00					
par_13	6.93	6.96	6.93	7.00	6.98	6.90	1.82	7.64	-9.69	-0.85	-0.42	3.85	0.00				
par_14	11.94	11.75	12.03	11.95	11.98	11.80	5.73	10.44	-9.01	1.19	1.24	8.39	2.56	0.00			
par_15	7.42	7.33	7.45	7.41	7.43	7.38	6.62	7.29	-5.96	3.84	3.80	6.37	4.58	3.70	0.00		
par_16	7.90	7.74	7.91	7.96	7.90	7.86	-0.15	8.73	-10.52	-3.33	-2.00	2.27	-2.57	-5.93	-5.37	0.00	
par_17	7.22	7.17	7.23	7.23	7.24	7.23	4.14	8.41	-8.09	2.75	2.17	5.89	3.60	2.07	-1.32	5.30	0.00

6. 模型拟合（Model Fit）

CMIN

Model	NPAR	CMIN	DF	P	CMIN/DF
Default model	17	0.944	4	0.918	0.236
Saturated model	21	0.000	0		
Independence model	6	1656.340	15	0.000	110.423

RMR, GFI

Model	RMR	GFI	AGFI	PGFI
Default model	0. 167	0. 999	0. 997	0. 190
Saturated model	0. 000	1. 000		
Independence model	36. 274	0. 363	0. 108	0. 259

Baseline Comparisons

Model	NFI Delta1	RFI rho1	IFI Delta2	TLI rho2	CFI
Default model	0. 999	0. 998	1. 002	1. 007	1. 000
Saturated model	1. 000		1. 000		1. 000
Independence model	0. 000	0. 000	0. 000	0. 000	0. 000

Parsimony-Adjusted Measures

Model	PRATIO	PNFI	PCFI
Default model	0. 267	0. 267	0. 267
Saturated model	0. 000	0. 000	0. 000
Independence model	1. 000	0. 000	0. 000

NCP

Model	NCP	LO 90	HI 90
Default model	0. 000	0. 000	1. 159
Saturated model	0. 000	0. 000	0. 000
Independence model	1641. 340	1511. 394	1778. 646

FMIN

Model	FMIN	F0	LO 90	HI 90
Default model	0. 002	0. 000	0. 000	0. 002
Saturated model	0. 000	0. 000	0. 000	0. 000
Independence model	3. 394	3. 363	3. 097	3. 645

RMSEA

Model	RMSEA	LO 90	HI 90	PCLOSE
Default model	0.000	0.000	0.024	0.990
Independence model	0.474	0.454	0.493	0.000

AIC

Model	AIC	BCC	BIC	CAIC
Default model	34.944	35.439	106.214	123.214
Saturated model	42.000	42.611	130.040	151.040
Independence model	1668.340	1668.515	1693.494	1699.494

ECVI

Model	ECVI	LO 90	HI 90	MECVI
Default model	0.072	0.078	0.080	0.073
Saturated model	0.086	0.086	0.086	0.087
Independence model	3.419	3.152	3.700	3.419

HOELTER

Model	HOELTER 0.05	HOELTER 0.01
Default model	4905	6864
Independence model	8	10

Execution time summary

Minimization:	0.000
Miscellaneous:	0.186
Bootstrap:	0.000
Total:	0.186

附件六 作为课题研究延伸阅读的文献计量①

我国失地农民问题研究的文献回顾与展望
——基于文献计量学方法与社会网络分析技术

摘要： 为了解我国失地农民问题研究领域学术论文的整体研究状况及发展动态，本文在对我国失地农民问题研究做简单文献回顾后，采用文献计量学方法与社会网络分析技术，从时间序列、学科和期刊分布、高产作者和研究机构分布、研究热点和研究缺陷几个方面对 CNKI 数据库中失地农民领域近 15 年的学术论文进行定性分析和定量统计。研究发现我国失地农民问题研究基本成型，具有较强的整体性与系统性，失地农民社会保障、权益、社会融入、就业、市民化、城市化、土地征用与补偿安置八个问题成为我国失地农民领域的研究热点，而在完善法律制度、关注失地农民的基本生活、可持续生计问题及政府权能问题四个方面仍有扩展的空间，基于此本文提出几点进一步研究的思考。

关键词： 失地农民；文献计量；共词网络；社会网络分析；研究综述

在我国城市化进程中，地方政府在 GDP 诱惑下大力推进土地非农转用，农村土地不断被征用，产生了大量失地农民。农民一旦失去土地，也就失去了基本生活保障，与此同时失去的还可能有社会资本、物质资本以及资金资本，就成为典型的种田无地、就业无岗、社保无份的"三无人群"，面临着收入下降、就业困难和长远生计缺乏保障等问题。由于失地农民利益受损而引发的越级上访事件和群体性突发事件时有发生，严重影响了社会和谐和农村稳定，日

---

① 黄建伟，刘文可. 我国失地农民问题研究的文献回顾与展望——基于文献计量学方法与社会网络分析技术 [J]. 地方治理研究，2017，(03)：58－70.

益成为学术界的一个研究热点，但针对失地农民的已有研究是否深入全面，是否存在研究不足甚至空白的研究领域，这将是本次研究需要回答的。本文在对国内学者广泛关注的失地农民问题做简单梳理后，采用文献计量学方法与社会网络分析技术，将我国失地农民研究重点进行可视化分析，试图揭示其未来发展之趋势。

1 文献回顾

笔者在中国知网"中国学术文献网络出版总库"中输入"失地农民"或"被征地农民"进行检索，检索项为"篇名"，在跨库选项中删去"报纸"一项，结果显示，相关文献共有 6662 篇，其中期刊论文 5269 篇，博士论文 40 篇，硕士论文 1151 篇，会议论文 202 篇。另外，在"中国国家数字图书馆"和"当当""亚马逊"等网站检索到已出版的有关专著共 56 部。数据样本检索完成时间为 2016 年 7 月 22 日。以上数据表明，当前国内有关失地农民问题研究的文献已经相当丰富。笔者通过对以上文献的认真梳理，发现学界主要对以下问题进行了探讨。

1.1 失地农民规模、现状及成因分析

有学者认为，早在 2006 年中国失地农民总数估计在 4000 万人左右①，经验表明中国每年非农建设占用耕地 16.75 万 ~20 万公顷，如按人均 0.067 公顷土地推算，每年新产生 250 万 ~300 万失地农民②，十年后的今天，我国失地农民总人数已达 7000 万。或许学者测算方式不同，对失地农民的界定不同，但这已经表明失地农民问题已不可忽视，他们身处家庭经济失衡、居住安置堪忧、就业形势严峻、社会保障缺位、社会关系断裂、教育缺失、身份转换艰难的转型期。经国内学者总结，将失地农民产生的动因归结为：城乡二元结构的体制性障碍；土地征用制度的不健全③；政府寻租严重和监管缺失④；农民自身能力原因⑤。

① 杨涛，施国庆．我国失地农民问题研究综述［J］．南京社会科学，2006（7）：102 – 109.

② 李明月，胡竹枝．失地农民内涵与数量估算——以广东省为例［J］．中国人口科学，2012（4）：95 – 102 + 112.

③ 郭晓霞．城市化进程中失地农民问题产生原因探析［J］．农业经济，2011（11）：30 – 32.

④ 于静，韩立民．失地农民问题产生的背景及原因分析［J］．山东农业大学学报（社会科学版），2006（1）：56 – 59.

⑤ 白呈明．农民失地问题的法学思考［J］．人文杂志，2003（1）：127 – 132.

1.2 失地农民转型中的法律缺位与制度异化

黄宗智认为"当前的这个国家体制既是众多问题的解决出路,也是它们的来源。今天需要的是把国家从一个控制性、汲取性的机器改造为一个服务性的机构"[①]。失地农民转型中的法律缺位与制度异化的相关研究大致可归纳为四个主题:围绕农村集体产权虚置、土地控制权旁落,探讨农村土地产权关系[②];注重土地征用的合法性依据,建议加快制定《土地征用法》,整理、完善并创新现有散落的补偿和安置制度[③];强调政府在土地征用、补偿安置过程中巨大能量,探寻失地农民权益保障中的政府角色定位与动力机制[④];关注我国农民权利贫困,疏通失地农民利益表达空间和渠道上的制度堵塞[⑤]。研究者突出政府是法律完善与制度创新的主体,强调通过制度变革使国家由控制、汲取变为保障、扶持,保障失地农民的交易主体地位与公平参与交易的权利,杜绝政府"与民征利"的潜在可能性,让失地农民免于沦为城市化的牺牲品。

1.3 失地农民社会保障体系探讨

在我国土地兼具农业性生产功能与社会保障功能,当农民失去土地时,也就失去了这一基本保障。社会保障问题是我国失地农民研究的重点,相关讨论主要围绕以下几个方面展开:其一,失地农民社会保障基金的来源问题,学界有多种思考,如"二元说",即依托于补偿安置费及流转后增值收益;如"三元说",即由政府、土地开发所获收益及农民三者共同分担的[⑥];再如"多元说",即由转移支付、土地出让金、土地储备增值收益、全国社会保障基金投资收益、社会各界捐献等多渠道筹资的[⑦]。其二,失地农民社会保障制度问题。针对这一问题学界提出了多种解决路径,如并入"城保"和"农保"体系;如创建介于

---

① 黄宗智. 中国的隐性农业革命 [M]. 北京:法律出版社,2010:81.

② 余兴厚. 失地农民问题的制度经济学分析 [J]. 宁夏社会科学,2005 (3):39 – 42.

③ 齐睿,李珍贵,李梦洁. 被征地农民安置制度探析 [J]. 中国土地科学,2014 (3):39 – 45.

④ 陈雷,王春光,郭颖. 依靠制度创新从根本上解决失地农民问题 [N]. 中国社会科学院院报,2004 – 07 – 20 (03).

⑤ 孙玉娟,赵丽媛,赵琳. 失地农民利益表达的行动选择和理性思考 [J]. 商业研究,2009 (6):172 – 175.

⑥ 吴文元,朱冬梅. 失地农民社会保障基金的设立与管理 [J]. 财经科学,2005 (2):176 – 180.

⑦ 张时飞,唐钧,占少华. 以土地换保障:解决失地农民问题的可行之策 [J]. 红旗文稿,2004 (8):32 – 35.

"城保"和"农保"之间的"镇保"来为失地农民提供保障性服务①；如结合当地实际的"社区福利联合体"的制度模式；再如将失地农民纳入到商业保险体系等②。其三，关于失地农民保障机构运行机制问题。关于这一点学者们聚焦于运行和监管，如引入竞争机制，交由银行和非银行金融机构经营管理③；在劳动和社会保障部门单独设置机构，实行收支两条线，专款专用等。

1.4　失地农民社会纽带重组及可持续生计研究

学术界在对失地农民社会资本及心理研究基础上，探讨了失地农民社会融入与纽带重组问题，如社区重建与社区治理、失地农民社会网络建构、失地农民市民化和组织化等，期望提升失地农民的"社会适应""文化适应"④ 等方面的能力，实现"自我认同""角色认同"⑤，进一步完成其"身份转型"，培养其"公民意识"⑥，构建起包括失地农民在内的各阶层群体和谐共处、共同发展的新型城市社会生活共同体。失地农民可持续生计问题是近年来失地农民领域的研究重点，也是难点所在。国内学者界定了"可持续生计"的定义，概括了其特征，建立了分析框架，提出了评价体系和量化标准，分析了存在的主要问题及其影响因素，提出了以下十种应对策略：实现充分就业、鼓励自主创业、转换农民角色、落实社会保障、完善补偿机制、积累家庭资产、保护合法权益、创新现有制度、建设内源社区、转变传统观念⑦。

综上所述，目前对失地农民的研究成果已相当丰富，为解决失地农民问题提供了很好的科学指导和可行建议。但究竟哪些方面是我国失地农民问题研究的热点所在，又是否存在研究不足甚至空白领域？为回答此问题进而揭示我国失地农民研究未来发展趋势，本文进行统计分析与社会网络分析，试将我国失

---

① 杨素青. 失地农民社会保障现状与对策——以山西为例 [J]. 经济问题, 2009 (8)：73 - 75

② 王珊珊，郝勇，张现同. 我国失地农民社会保障问题研究综述 [J]. 社会保障研究, 2010 (2)：91 - 95.

③ 徐莉，严予若，王晓凤. 试论建立失地农民权益长效保障机制 [J]. 农村经济, 2006 (4)：90 - 92.

④ 叶继红. 城市新移民的文化适应：以失地农民为例 [J]. 天津社会科学, 2010 (2)：62 - 65.

⑤ 沈关宝，李耀锋. 角色转型背景下失地农民的社会心理探析 [J]. 探索与争鸣, 2010 (9)：41 - 44.

⑥ 朱常柏，双传学. 失地农民公民身份及其社会保障公平性研究 [J]. 南京社会科学, 2014 (11)：74 - 80 + 73.

⑦ 黄建伟. 失地农民可持续生计问题研究综述 [J]. 中国土地科学, 2011 (6)：89 - 95.

地农民研究重点可视化处理。

2 研究论文统计分析

为体现研究质量及发文层次，笔者在检索到的 6662 篇文献中进行了二次筛选，提取出获得"国家自然科学基金"与"国家社会科学基金"支持的文献 311 篇（下文简称为获基金支持）；又从六千余篇文献中提取出发表于 CSSCI 来源类期刊文献 165 篇。针对上述三次筛选结果，本文将对其相关信息进行统计分析。

2.1 时间序列上的文献统计

我国失地农民问题研究最早发文于 1995 年，集中性研究始于 2003 年，时间序列如图 1 所示，大体上可以将研究分为两个阶段：第一阶段为 2003 ~ 2007 年，为我国失地农民研究的发展期，发文量从 74 篇跃升至 651 篇。这主要缘于自 2002 年前后，城市化迅猛扩张，工业区、科技园、城市基础设施建设的快速发展导致城市建设用地规模剧增，直接推动了第三次"圈地热潮"，许多农村土地以种种合法的或非法的、公开的或隐蔽的形式被征用为城市建设用地，导致失地农民数量激增，问题愈发严峻，成为"三农问题"的研究热点。第二阶段为 2008 年至今，失地农民研究进入成熟期，年均发文量 580 篇。较之前一阶段，这一阶段的文献研究更为深入，提出的解决建议不再是方向化指导性建议，更多的是具有直接操作性建议。

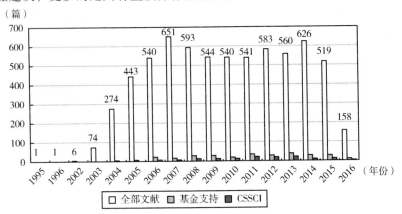

图 1　我国失地农民问题论文年发表篇数

再者，自 2003 年起，失地农民研究领域获国家级基金支持发文比例呈上升趋势，由 2003 年的 1.3% 上升至 6.3% 左右。其次，刊登于 CSSCI 来源类期刊的有关论文所在总文献比例呈现先上升后下降的势态，于 2011 年达到极大值，所占年发文量的 4.3%，之后波浪式下降至 3.2%。再次，由表 1 可知，2007~2013 年，发表于 CSSCI 来源期刊上的文章数量大致占当年基金支持文献量的一半以上。综上，不论从发文数量抑或是发文质量，我国失地农民问题在 2007 年至 2013 年到达顶峰，研究趋于成熟，如表 1 所示。

表 1　　　　　　　　　　失地农民年发表文献篇数及所占比例

年份	全部文献	基金支持发文			CSSCI 来源期刊发文		
	篇数	篇数	占全部文献比例（%）		篇数	占全部文献比例（%）	占基金支持文献比例（%）
1995	1	0	0.0		0	0.0	—
1996	1	0	0.0		0	0.0	—
2002	6	0	0.0		0	0.0	—
2003	74	1	1.3		1	1.3	100.0
2004	274	6	2.2		2	0.7	33.3
2005	443	7	1.6		2	0.5	28.6
2006	540	25	4.6		8	1.5	32.0
2007	651	17	2.6		9	1.4	52.9
2008	593	29	4.9		13	2.2	44.8
2009	544	30	5.5		18	3.3	60.0
2010	540	22	4.1		16	2.9	72.7
2011	541	35	6.5		23	4.3	65.7
2012	583	29	4.9		19	3.3	65.5
2013	560	38	6.8		24	4.3	63.2
2014	626	30	4.8		12	1.9	40.0
2015	519	32	6.2		13	2.5	40.6
2016	158	10	6.3		5	3.2	50.0

2.2　学科及期刊分布统计

通过对所筛选的 6662 篇有关失地农民文献的学科分布情况进行统计分析,如图 2 所示,发现农业经济学科类论文占失地农民的研究成果比例相对较多,达 56%。这主要是因为中国对失地农民的研究在开始之初主要来源于农业经济领域,而宏观经济管理与可持续发展、政党及群众组织、人才学与劳动科学、保险、统计学及行政学等学科在失地农民研究呈现多学科交叉融合的背景下,也逐渐在上述领域出现了较多的研究成果。另外,本文对筛选出的获得基金支持的 311 篇文献也做了上述学科分布分析,结果大致相同,这里就不多加赘述。

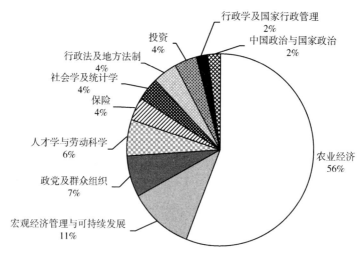

图 2　失地农民研究学科分布统计（前 10 位）

注：该图分类标准依据 CNKI 所提供的学科分组。

由于筛选出的 6662 篇文献中包含大量硕博论文,故选用基金支持的 311 篇文献进行期刊统计分析,得出排名前 15 位的期刊及发文量如图 3 所示。其中,《中国土地科学》《农村经济》是失地农民领域发文相对集中的学术期刊。排名前十的期刊发文量共计 64 篇,占样本总量的 20.57%,据布拉德福定律[①],核心区域所刊载的论文总量没有达到总数的 1/3,说明刊载有关失地农民研究的学术论文的期刊目前在国内相对较为分散,还没有形成稳定的期刊群。

---

① 陈勤. 布拉德福定律在期刊计量管理中的若干应用 [J]. 图书情报工作,1997（12）: 12 – 14 + 23.

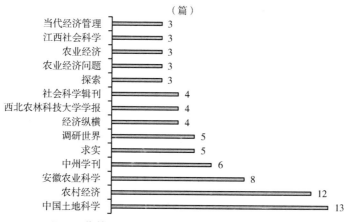

图 3　获基金支持文献期刊分布统计（前 15 位）

2.3　高产作者和研究机构分析

以获得基金支持的 311 篇文献为样本①，对论文发表的高产作者进行统计分析，排名第一的是黄建伟，发表论文 14 篇。依据普莱斯定律②（发表最多论文的作者共计发文 14 篇，14 的平方根再乘以 0.749，即为 2.8 篇，取整数就是 3 篇），计算发文数在 3 篇以上的作者数共计 40 位，共发表论文总量 163 篇，占所有论文总数的 52.4%，说明失地农民领域高产作者学术带头作用初步形成（超过 50%），国内学术群体中较为稳定的高产作者群已然初显。图 4 列出失地农民领域排名前 10 位的高产作者。

以第一次检索所获取的六千余篇文献为样本，对失地农民的研究机构进行统计分析，得出排名前 10 名的机构如图 5 所示。其中苏州大学累计发表论文 91 篇，占所有样本的 1.37%；其次是南京农业大学发表论文 87 篇，占样本的 1.30%，西南大学、西北农林科技大学、华中师范大学分别排在三、四、五位。由图 5 可知前十位中农业类院校发文量居多，这说明农业类院校为我国失地农民问题研究的主要阵地。从整体来看，前 10 个机构共发表文章 696 篇，占样本容量的 10.44%，说明国内失地农民领域高水平的研究成果相对较少，研究水平还需进一步提升。

---

①　以检索到的六千余篇文献为样本，高产作者排名略有变化，但排名第一位仍为黄建伟，发表论文数为 15 篇，根据普莱斯定律依然是以发文数在 3 篇以上进行计算，但由于样本量过大不便于统计发文量在三篇以上作者人数及其总发文量，故此处选用获基金支持的 311 篇文献为样本进行说明。

②　王崇德. 期刊作者的量化研究 [J]. 情报科学，1998（5）：369 – 373 + 380.

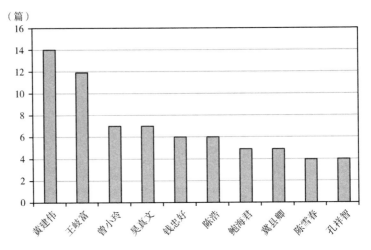

图4 失地农民领域高产作者（排名前 10 位）

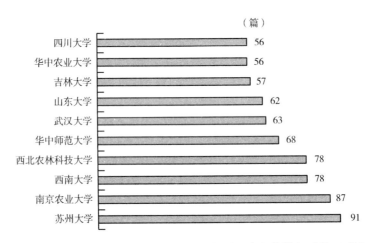

图5 以 6662 篇文献为样本的失地农民领域研究机构排名（前 10 位）

此外，本文还以获得基金支持的 311 篇文献为样本，重复了上述统计分析，排名如图 6 所示。其中排名第一位为江西农业大学，发表论文 17 篇，其中 13 篇发表于 CSSCI 来源期刊。华中农业大学位列第二位，发表论文 15 篇，包含 CSSCI 类期刊论文 8 篇。西南大学、南京大学、湖南师范大学位列在三、四、五位。笔者发现上文所提及的相关论文集中发文机构，苏州大学、南京农业大学、西南大学却不在此列，这可能是因为江西农业大学、华中农业大学、西南大学等学校存在该领域研究的学术带头人，而苏州大学、南京农业大学等较为重视研究生培养，出现大量与失地农民有关的毕业论文，教师期刊发文相对较少。

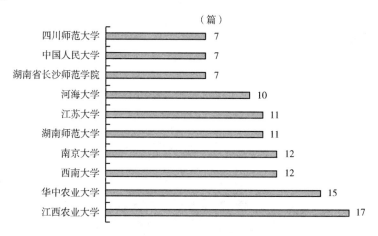

图 6　以 311 篇文献为样本的失地农民领域研究机构排名（前 10 位）

3　社会网络分析

根据上文所述检索词，本文对获得国家社科与国家自科基金支持的 311 篇文献进行了关键词提取，经如下步骤后构建共词矩阵：第一，合并基本同义或属于同一研究范畴的关键词；第二，删去无益于研究或不存在领域专指的词汇，如"分析""建议"等；第三，统计词对量，构建共词矩阵。之后本书将所构建共词矩阵输入 UCINET 6.2 软件，计算生成网络图谱，进行社会网络分析。

3.1　网络图谱

共词网络图谱的绘制依赖于关键词数据之间的天然联系，它立体、直观的呈现出各关键词之间的关系与共词网络的整体特征。由图 7 可知，图中 37 个关键词用圆点标记，圆点之间的双箭头直线表示两点之间存在关系，即存在共词现象。圆点越大，其中间中心度就越大，表示越居于网络的核心位置，即说明此关键词都指代的研究领域或研究视角所被重视程度。除去检索词"失地农民"外，由图可知，"社会保障""土地征用""城市化""权利或利益"等词中间中心度较大，周围关系丰富，处于网络的中心位置，成为失地农民领域的研究热点。

为获得网络图整体状况的定量描述，本文对共词图谱进行网络密度测量。密度描述的是网络图谱中各个关键词节点间关联的紧密程度①，该测度的取值范围为 [0，1]，数值越接近 1，表明节点间关联越紧密，即网络图谱中关键词所指代的研究子领域交叉影响力更强。经 UCINET 计算得出该网络图密度为0.4354，接近 0.5，这说明共词网络中近半数关键词彼此之间存在联系，关键词所指代的研究子领域交叉影响力初显，失地农民研究领域已经具有一定的整体性与系统性，但仍有深入研究的空间。

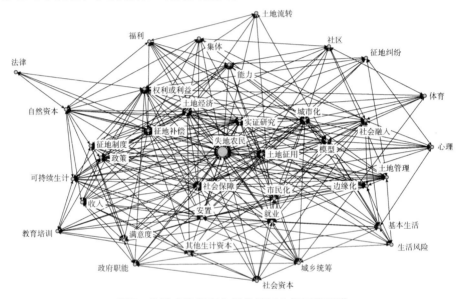

图 7　失地农民研究文献关键词共词网络图谱

3.2　中心性

在社会网络研究中，中心性是衡量一个人"权力"大小的重要标志②，用来评价一个人重要与否，衡量他职务、地位优越性或特权性，以及社会声望等③。本书将这样的思路用于文献管理与数据挖掘，那么网络图谱中各节点就表示某关键词在共词网络中的地位以及承担的角色，体现出某研究子领域或研究视角的关注度与交叉影响力。中心性分为点的中心度与图的中心势，根据计

---

① 约翰·科斯特. 社会网络分析法 [M]. 重庆：重庆大学出版社，2007（1）：58.

② 刘军. 整体网分析讲义：UCINET 软件实用指南 [M]. 上海：格致出版社，2009：97.

③ 罗家德. 社会网分析讲义 [M]. 北京：社会科学文献出版社，2010：188－190.

算方法的不同，又分为度数中心性、接近中心性与中间中心性。三种计算方式不同，但最后所得结论类似，因此此处本书只选取节点的中间中心度对共词网络进行分析。此外，本文以"失地农民"为检索词，其中间中心度无疑是最高的，为了凸显研究重点，下文的分析过程将剔除此词。

由直觉可知，如果一个行动者处于许多交往网络路径上，可以认为此人居于重要地位，因为"处于这种位置的个人可以通过控制或者曲解信息的传递而影响群体"①。中间中心度就是用来衡量这种信息传递能力的重要指标。一个点的中间中心度越高，说明网络中其他点对它的依赖性越强，这个点越可能处于网络中心位置，在本文中是测量网络中某关键词影响其他关键词共同出现在一篇期刊论文中能力大小的指标。整体来看，失地农民研究共词网络中各关键词中间中心度由高到低，呈现平缓下降的势态，并未出现少数几个词中间中心度极高，与其他关键词差距极大，甚至大量关键词中间中心度趋于 0 的情况，这就表明该共词网络中的信息流动并非极大程度依赖于某几个关键词，信息流动较为完整。由此笔者认为国内失地农民问题研究基本成型，已经具有一定的整体性与系统性，这与前文密度分析中所得结论相吻合。但不可否认的是，学术界对各研究子领域或视角间的关注度存在差距，如"法律""征地纠纷""心理"等词中间中心度较低，所指代的就是该领域的研究不足所在。为将此问题做进一步说明，本文认为有必要进行核心—边缘测度，准确区分哪些是核心词，哪些是边缘词，准确说明研究不足准确之所在，如表 2 所示。

表 2　　　　　　　　　　　各关键词中间中心度

关键词	中间中心度	关键词	中间中心度	关键词	中间中心度
城市化	35.854	自然资本	10.95	社会资本	2.571
权利或利益	33.145	征地制度	10.151	社区	2.352
土地征用	31.484	其他生计资本	7.537	福利	2.135
征地补偿	30.47	能力	6.923	心理	2.074
模型	27.037	土地管理	6.77	教育培训	2.025
社会保障	26.816	政策	5.924	体育	1.704
土地经济	23.992	可持续生计	5.844	集体	1.487

① Freeman, L. C, *"Centrality in Social Networks ：Conceptual Clarification"* [M]. Social Networks 1, 1979：221.

续表

关键词	中间中心度	关键词	中间中心度	关键词	中间中心度
实证研究	20.656	收入	5.73	满意度	1.463
市民化	18.643	基本生活	4.174	征地纠纷	1.17
社会融入	16.616	政府职能	3.508	生活风险	0.868
安置	15.193	城乡统筹	3.416	土地流转	0.46
就业	13.631	边缘化	3.225	法律	0

3.3 核心—边缘

核心—边缘模型是现实社会网络的一种简明关系视图，它直观地呈现出关键词在共词网络中处于什么位置，其理想模型是将关键词分为两组，其中核心组成员之间关系紧密，而边缘组成员之间不存在联系，但边缘组成员都与核心组成员存在关系。共词网络核心度计算结果显示实际数据与理想模型之间的相关系数为0.711，属强相关，说明实际网络连接状态与理想模型较为接近。因此，通过 UCINET 笔者对原始共词矩阵进行数据重排，得到图8所示核心—边缘矩阵，图中的粗线将矩阵由左至右划分为核心和边缘两个部分。图8左上角由社会保障、模型等词构建的即为核心矩阵，右下角由集体、教育培训等词构建的即为边缘矩阵。

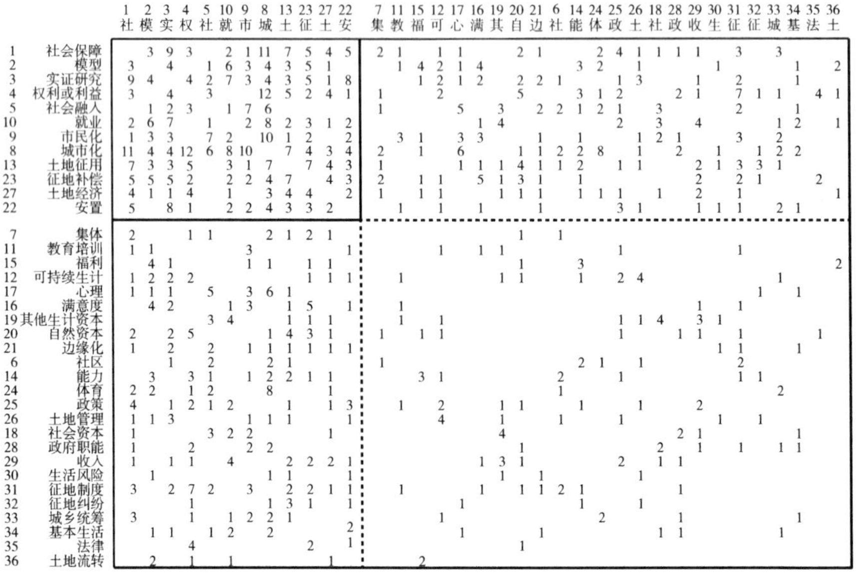

图 8　核心—边缘矩阵

　　由此本文认为：失地农民社会保障问题、权利或利益问题、社会融入问题、就业问题、市民化问题、城市化问题、土地征用问题、补偿安置问题等，是我国失地农民领域研究的热点问题，也是该领域研究基础所在。至此，本文成功探寻了哪些是我国失地农民研究领域热点问题，但是两粗线之间所包含的"集体""可持续生计""收入""法律"等边缘词过多，其所指代的研究子领域或视角存在一定的程度的可聚性，如关键词34"基本生活"就可包含关键词7"集体"所代表的失地农民安置社区生活、关键词17"心理"所代表的农民失地后的心理健康问题以及关键词24"体育"所代表的身体健康问题。故此，笔者认为核心—边缘分析仍不能较为清晰地说明我国失地农民研究领域不足所在，进而对边缘词进行聚类分析，试作进一步解释。

　　本文对原始共词矩阵进行二次处理，删去"社会保障""权利或利益""社会融入""就业""市民化"等12个核心词，重新构建一个24阶矩阵，导入UCINET，按照Network-Role/Position-Structural-CONCOR操作路线，对边缘词进行聚类分析，聚类效果如图9所示，将24个边缘词归聚为4组，将其概括为法律制度、基本生活、可持续生计、政府职能，笔者认为这4个方面即为我国失地农民领域研究不足所在，在研究展望部分将展开具体论述。

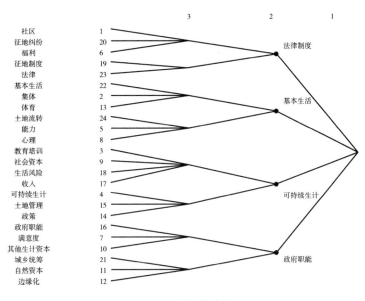

图9　边缘词聚类图

4 研究结论

本文在对我国失地农民问题研究做简单文献回顾后，采用文献计量学方法与社会网络分析技术对 CNKI 中 1995～2016 年关于失地农民研究国内论文进行统计分析，从时间序列文献增量态势、学科和期刊分布、高产作者和研究机构情况、研究热点及研究不足几个方面对我国失地农民问题研究领域的研究论文整体状况进行定量统计和定性分析。全文得出的关键研究结论如下：第一，从文献规模上看，目前国内对失地农民问题研究已经相当丰富，主要围绕失地农民生存现状及成因，失地农民转型中的法律缺位与制度异化，失地农民社会保障体系以及失地农民社会纽带重组和可持续生计问题等方面，这些研究为剖析我国失地农民问题提供了很好的分析思路和解决路径，但系统性的研究，如博士论文与专著仍然偏少；第二，从时间序列上看，自 2003 年以后失地农民问题成为我国"三农"研究热点，发文量激增，经十年完善研究趋于成熟，但从近年来 CSSCI 类期刊收录比例看，发文质量仍有待提高；第三，从学科和期刊分布情况看，目前我国对失地农民问题的研究呈现出以农业经济为主，人口学、社会学、管理学、行政学等多学科交叉融合的态势，在期刊分布上由于失地农民领域研究涉及的学科范围较广，因此没有形成稳定的期刊群；第四，从研究机构和高产作者分布情况看，农业类院校为我国失地农民问题研究的主要群体，以黄建伟、王岐富等人为首的高产作者群已经初具规模；第五，从共词网络规模看，我国失地农民问题研究基本成型，已经具有较强的整体性与系统性，研究子领域交叉影响力初显，但仍有深入研究的空间；第六，从研究热点和研究不足看，失地农民社会保障问题、权利或利益问题、社会融入问题、就业问题、市民化问题、城市化问题、土地征用问题、补偿安置问题，成为学界广泛关注的焦点，大量文献以此为主题。另一方面，探讨完善征地补偿安置中的法律制度、关注农民被征地后的基本生活状态，重视失地农民可持续生计问题，探究在征地—补偿—安置各阶段中的政府职能问题 4 个方面发文量较少，学界关注度不够，是我国失地农民问题研究的薄弱所在。

5 研究展望

基于上文对失地农民问题研究的文献回顾与边缘词聚类分析，本文认为失地农民问题在以下方面仍有扩展研究的空间。

5.1 关于完善法律制度的思考

经文献回顾，学术界关于法律制度方面的思考主要围绕完善征用补偿制度、明确土地产权关系、建构权益保障与利益表达机制 4 个方面。本文认为以下两个问题同样值得思考：其一，安置社区管理体制。在我国，失地农民安置方式多以异地安置为主，安置地多为城乡结合处，那里城区村居混杂，地域交错，村归乡镇管，居委会归街道管，体制不顺、职责不清、标准不一，成为矛盾冲突频发的重要隐患，如何结合失地农民这一群体生计资本、生计能力及心理上的特殊性，构建完善的安置社区管理体制，实现从农村社区管理向城市社区管理的过渡值得思考。其二，征地纠纷仲裁解决机制。首先需要明确的是征地纠纷主要包括补偿纠纷与安置纠纷，而现有研究多以完善体制建设、构建多机构合作平台开展，将补偿纠纷与安置纠纷混为一谈，值得明确的是补偿问题涉及的是财产权，而安置问题涉及的是人身权，理应对征地补偿纠纷和征地安置纠纷进行区别化处理，可这样的研究并不多见。

5.2　关于失地农民基本生活的思考

现有关于失地农民基本生活的研究多以宏观层面开展，关注其经济状况、就业形势、社保及教育等问题，但笔者认为最为根本的应是失地农民的身体健康状况及心理健康状况，基于二者失地农民才可能开展其生产生活活动。现有关注失地农民身体健康的文献有一定数量，研究视角多为医疗养老、体育健身等，回归对社会保障体系的探讨或合理分配体育资源问题等，缺少对失地农民安置社区最基本生存环境、居住条件与食品安全的关注；另外，关于失地农民心理和谐状况的调查研究较为局限于个体心理状况的分析与被征地前后心理落差的研究。基于实证研究，探讨二者关系及其合力，进而影响生计能力的研究更为稀缺，而笔者认为基于微观层面，系统分析失地农民生理及心理健康状况，进而提出的建议才更具有现实意义。因此本文建议学术界可采用问卷调查法、访谈法和观察法相结合，抽取不同经济发展地区或不同征地方式的被征地农民安置社区进行对比研究，关注失地农民人均居住空间、饮食条件、食品安全、集体生活状态、休闲健身等情况，并结合当地的征地安置背景，研究其被征地前后的生理和心理变化，可考虑建构 Logistic 回归模型进一步探讨二者对可行能力、博弈能力、适应能力的影响。

5.3　关于可持续生计问题的思考

可持续生计是失地农民问题研究的热点也是难点所在，国内学者相关研究已颇为丰富，但仍有可扩展的空间，即如何对某项可持续生计政策进行合理评估。在失地农民可持续生计分析框架的研究中，学术界倾向于使用英国国际发展机构所提出的 DFID 生计模型，考虑生计资本、生计能力及生计政策间相互关系，但笔者认为基于政府层面，最具可操作性也是最为基本的应该是完善相关生计政策，而又如何对某项生计政策进行合理评估却值得商榷。现有文献所提供的研究方法多对政策施行情况进行定性描述，或采用各种模型在事实层面探讨政策的有效性，以揭示其运行过程中存在的缺陷，进而寻求政策改进，从政策目标群体的主观评价进行分析的较少，而从顾客视角考量政策实施效果，可以有效体现价值判断，最大程度上体现民主和参与，使政策制定者充分了解顾客即政策目标群体的需求与不满，也使评估更容易为他们所使用，最终达到提高公共服务水平目的。因此本文认为基于微观农户视角，考察失地农民可持续生计政策的满意度是一个极具意义的选题。

5.4　关于政府管理问题的思考

在城镇化的迅速推进下，处于城乡结合部的农民失去了土地这一最基本的生产生活资料，被动地成为城镇化的支持者。在这场权利主导的游戏中，权力和利益表达能力的强弱对比成为资源获取比例的关键因素，显然国家是当然的主角，而农民处于边缘的地位，不管从土地征收行为责任人视角，抑或是社会稳定受益人视角，政府理应承担维持其生计中的责任，特别是作为与民生近距离接触、信息反馈直接、互动性强的地方政府，本应发挥更大的作用，服务于失地农民人力资本、物质资本、金融资本及自然资本的管理，帮助这一群体维持、提升生计水平，实现身份的转变。可学界对其在维护失地农民权益保障中的作用和功能关注的较少，较为系统地阐述地方政府的服务职能，对其权力、能力和责任做清晰划分的研究更为稀缺。此外，学者们对土地征用过程中政府管理问题的研究是站在政府外的多，站在政府内的少，表现为实证研究数量明显不足。现有对政府管理问题的研究成果拘泥于制度层面的纯理论分析，缺乏实际调查和第一手材料，缺乏对制度层面在实地运行的考察，局限于经验总结式的现象描述，缺乏应有的理论研究和跨学科思考。故笔者建议：聚焦于某一特定区域（或多区域形成对比），调查、收集、整理该区域征地过程中的历史背景、现实情况及详尽的征地流程，在此基础上对地方政府在整个征地—补偿—安置过程中的行政行为和行为响应进行剖析，对比典型成功案例与失败案例，总结形成权力清单与负面清单，提出地方政府应承担的责任和义务，为提高政府服务满意度提出建设性意见和建议。

参 考 文 献

[1] 黄建伟. 失地农民生计研究现状及其动态分析 [J]. 商业研究, 2011 (7).

[2] 陈雷, 张陆伟, 孙国玉. 可行能力视角下的失地农民问题研究——以淄博市为例 [J]. 中国社会科学院研究生院学报, 2010 (3).

[3] 刘守英. 谁的城市化? [J]. 中国改革, 2010 (6).

[4] 杨涛, 施国庆. 我国失地农民问题研究综述 [J]. 南京社会科学, 2006 (7).

[5] 何格, 等. 合理安置失地农民的构想 [J]. 农村经济, 2005 (1).

[6] 温家宝. 认真贯彻十六大精神 为推进农村小康建设而奋斗 [J]. 求是, 2003 (3).

[7] 于建嵘. 农民失地失业是一个严重的政治问题 [J]. 探索与争鸣, 2004 (1).

[8] 罗蓉. 中国城市化进程中失地农民可持续生计问题研究 [D]. 西南财经大学, 2008.

[9] 李航. 征地过程中失地农民与地方政府的社会交换 [D]. 上海大学, 2010.

[10] 袁方. 社会调查原理与方法 [M]. 北京: 高等教育出版社, 1990.

[11] 童星, 马西恒, 王毅杰, 严新明, 张海波. 交往、适应与融合——一项关于流动农民和失地农民的比较研究 [M]. 北京: 社会科学文献出版社, 2010.

[12] 陈振明. 政策科学——公共政策分析导论 [M]. 北京: 中国人民大学出版社, 2003.

[13] 汝信, 陆学艺, 李培林. 2005年: 中国社会形势分析与预测 [M]. 北京: 社会科学文献出版社, 2004.

[14] 侯杰泰. 结构方程模型及其应用 [M]. 北京: 教育科学出版

社，2004.

［15］王卫东．结构方程模型原理与应用［M］．北京：中国人民大学出版社，2010.

［16］林嵩．结构方程模型原理及 AMOS 应用［M］．武汉：华中师范大学出版社，2009.

［17］潘懋元，陆根书，王洪才．高等教育研究方法［M］．北京：高等教育出版社，2010.

［18］荣泰生．AMOS 与研究方法［M］．重庆：重庆大学出版社，2009.

［19］黄建伟．失地农民可持续生计问题研究［M］．北京：经济科学出版社，2012.

［20］中国 4000 万失地农民流荡城市［N］．青年参考，2004 - 04 - 14.

［21］新华网综合．统计局：建国 60 年我国城市化水平提高 5 倍多［EB/OL］http：//news. xinhuanet. com/fortune/2009 - 09/18/content_12075777. htm，2009 - 09 - 18.

［22］中国政府网：温家宝到国家信访局就政府工作听取来访群众意见［EB/OL］http：//www. gov. cn/ldhd/2011 - 01/25/content_1792332. htm，2011 - 01 - 25.

［23］DFID. *Sustainable Livelihoods Guidance Sheets. Department for International Development*，2000.

［24］K. A. Bollen，*Structural Equations with Latent Variables*（New York：John Wiley and Sons）.

［25］J. P. Gilford，*Psychometric Methods*，2nd ed.（New York，NY：McGraw-Hill，1954）.

后　记

　　本书作为国家自然科学基金项目的最终成果，我对其的定位不仅是一部验证和探讨科学问题的学术作品，也是一部通过研究实例介绍统计软件 SPSS 和 AMOS 并以 AMOS 为主的使用和操作的"工具书"。正是基于以上定位，本书记录了以上两款统计软件的操作过程和操作方法，尤其是记录在研究过程中遇到的"不顺"，以及经过分析原因和调整研究思路最终成功"顺利"构建一个拟合度好的能被接受的模型的整个研究过程和经历，可为其他研究工作者提供使用结构方程模型的经验教训或经验借鉴，同时也有利于促进该研究方法的发展。

　　研究中发现，原研究计划中预设的结构方程模型经过释放两次限制后仍被拒绝，但精简之后的结构方程模型通过修正即释放两次限制后被接受，且原有的研究假设得到部分验证。因此，模型越精简，对目标模型拟合度越有利。该成果最核心和最有学术价值的部分是对模型的成功修正与对精简模型的解释，以及由此得出的结论。

　　本书在形成书稿之前，资助其出版的研究项目在推进过程中遇到了不少困难：一是所调研的问题和对象在农村十分敏感。失地农民问题在农村十分敏感，在被征地单位入户开展问卷调查很容易遭到地方政府的阻拦，不是每一次的调查都能完成任务（有的调查员进入被征地单位之后很快就被当地政府劝离）。二是调研成本高昂。原计划在全省 11 个地级市中的 75 个县（或县级市或市辖区）选择 75 个典型的被征地单位（村或居委会或社区）进行抽样调查。根据课题组的调研实践，发现每一个被征地单位的调研成本（时间成本、人力成本、资金成本等）都要高于原来预算。若 75 个县（或县级市或市辖区）中的 75 个典型的被征地单位全部要去抽样，不仅难度很大，而且成本要远远高于原来的预算。三是数据录入、分析和深度挖掘的工作量大或难度大。由于抽样选点的覆盖面广，样本数量较大，且对结构方程模型构建的技术和方法要求较高，导致整个研究过程中数据录入、分析和深度挖掘的工作量大或难度大。四是原先预设的模型太复杂，难以找到一个拟合度佳的不被拒绝的模型。申报书中预设的结构方程模型经过释放两次限制后仍然被拒绝。在删除异常值后其虽然符合正态分布以及并无违反估计的变量存在，但整体而言，该结构方程模型的拟合度不佳，可能模型不适合数据，因此必须对研究所建立的模型进行修正。该模型虽然经过释放两次限制的修正，模型依然与数据拟合不好。

所幸的是，课题组迎难而上，找到了解决问题的以下办法：一是改进调研方法、提高调研能力。失地农民作为一个十分敏感的社会问题，课题组要认真反思，不断总结经验，根据失地农民生计问题的实际，改进调研方法，提高调研能力，尽量争取当地政府的支持（至少要让其不要干预课题组的调查）或者选择双休日或节假日开展调研（因为非工作日开展调研受到当地政府干扰和阻止的可能性更小）。二是调整调研计划。在不影响研究质量的前提下，可适当减少抽样单位，以降低调研成本，提高调研效率（从调查75个被征地单位调整为调查44个被征地单位，抽样方法不变，同时与原计划一样覆盖江西省的11个地级市）。三是通过系统培训和有效的组织管理提高数据处理的战斗力。分清轻重缓急，有重点地对数据进行深度挖掘，多与同行交流，学习同行经验并聘请专家有针对性地进行指导。出资鼓励有需求的课题组成员到高层次的研究方法培训班培训。加强课题组成员的管理，制定奖惩分明的激励制度，对于无法保障数据处理时间的研究人员，启动退出和增补机制。四是尝试精简模型即通过重新归类以减少观测变量数量并部分修正原有的研究假设。原有模型之所以拟合度不佳，主要是因为模型太复杂，故必须重新调整模型构建的思路和原有的部分研究假设。课题组将原有观测变量进行整合以达到精简模型的目的：使观测变量的数量减少从而使得模型的自由度df变小并最终实现减少Chi-square值和增加P值的目的。其精简的思路：假设"生计资本"这个潜在变量包含两个观测变量，即"非金融资本"和"金融资本"；假设"生计政策"这个潜在变量包含两个观测变量，即"货币补偿政策"和"非货币补偿政策"；假设"生计能力"这个潜在变量包含两个观测变量，即"生存能力"和"博弈能力"。这样原有预设模型中的15个观测变量在模型精简后变为6个观测变量，但作为失地农民关键生计要素的三个潜变量的名称和数量均不变。研究结果表明，删除异常值后的精简模型在释放两次限制后不仅符合正态分布，以及并无违反估计的变量存在，而且信度很高，同时综合多个拟合度指标的分析，其模型与数据的拟合度很好，是一个可以接受的模型。本课题至此已经成功建立研究所需的结构方程模型。因此，对于失地农民关键生计要素的结构方程模型而言，模型越精简，对模型拟合度越有利。虽然原有研究假设只是部分得到验证（如关键生计要素间的关系），但课题组根据实际情况调整研究思路，即尝试通过重新归类以减少观测变量数量的做法来精简模型，使得课题组得到了一个拟合度佳的可接受模型，所以可以认为本项目已经基本达到预期的主要研究目标。

课题项目之目的不仅要多出成果，也要培养人才。资助本书出版的课题项目在执行期间，我本人和课题组成员均受益于课题研究之学术训练，并在学术之路上逐步成长。我本人于 2012 年获霍英东教育基金会第十三届全国高等院校青年教师奖，于 2013 年成为江西农业大学当年最年轻的教授，于 2014 年被校组织部推荐为中组部"青年拔尖人才支持计划"江西农业大学人选，于 2015 年提名获"江西五四青年奖章"并于当年入选江西省优秀中青年社会科学专家。另外，我本人还成为中国博士后基金公共管理学科评审专家和国家自然科学基金管理学部的通讯评审专家。除了我本人，项目组成员的成长也令人欣慰，如吴军民和邹晓娟两位副教授，在本项目执行期间均以项目负责人的身份各获得 1 项国家自然科学基金项目资助，其中邹晓娟在本项目执行期间晋升为副教授，吴军民副教授去年也晋升为教授；我的研究生王璐在项目执行期间获得江西农业大学优秀研究生荣誉称号并获国家奖学金；我的研究生刘文可很快进入角色，并得到较好的学术训练，表现出了很好的科学素养和很强的研究潜力，和我合作在《中国土地科学》《中国行政管理》等 CSSCI 期刊源期刊发表论文多篇。

本书作为国家自然科学基金项目的最终成果之所以能与读者诸君见面，是因为其的出版得到了很多人的关心和支持。首先，我要感谢我的课题组成员和所有参与问卷调查、入户访问以及数据录入的工作人员。邹晓娟、李辉婕两位老师多次和我一道冒着风雨带领学生前往江西各地开展入户调查，而多数参与调研的学生也出色地完成了数据录入的工作。我的研究生刘文可对本书"作为课题研究延伸阅读的文献计量"这部分内容具有重要贡献，并作为我的助手对整个书稿反复校对了多遍。其次，我要感谢同行、同事和单位对我的支持和帮助。江西农业大学 MPA 教育中心陈美球教授和期刊社翁贞林教授是我在江西农业大学工作期间的同行、同事、兄长，他们在学术上的建树令我钦佩，他们为人低调、平易近人的风格令我敬仰，在与他们相处、共事与合作的期间，我在他们身上学到了很多优秀的品质和科研的技巧，他们无私地为我个人成长和成果出版提供帮助和支持，本书的最终出版也离不开他们的关心和鼓励。我调离江西农业大学后，南京财经大学为我提供了必要的研究经费和科研平台，这使我加快了出版本书的动力，在此表示感谢。南京大学博导、长江学者特聘教授黄贤金副院长在百忙中亲自为我作序，使我十分感动并备受鼓舞。最后，我要感谢经济科学出版社的白留杰编辑。她的业务能力和敬业精神令我敬佩，其多次不厌其烦地和我商议对整个书稿进行补充、完善和修改事宜，由于我个人的原因，书稿的校核进度较慢，在一定程度上影响了书稿的出版进度。尽管如此，白留杰编辑并没有频繁地催促我限时完成校核任务，而是以高度的责任感和适度的宽容心和我一道完成了整部书稿的修改和校核工作。

由于能力和水平有限，书中难免会有不少不足之处，在此敬请读者诸君谅解并批评指正！

黄建伟

2017 年 5 月 23 日